Kazakhstan

Law on Joint-Stock Companies

Introduction

Parallel Russian and English Texts

Закон Республики Казахстан

об акционерных обществах

Параллельные английский и русский тексты

Introduction and translation by Peter B. Maggs

Вводная статья и перевод П. Мэггса

ISBN1469982870:

ISBN-13:9781469982878

CONTENTS

INTRODUCTION TO THE LAW
OF THE REPUBLIC OF KAZAKHSTAN
ON JOINT-STOCK COMPANIES

BACKGROUND

Kazakhstan's 2003 Law on Joint-Stock Companies closely follows the model recommended by two well-known United States professors of corporate law, Bernard Black & Reinier Kraakman, who, along with Russian lawyer Anna Tarassova, played a major role in the design of the 1995 Russian Law on Joint-Stock Companies. They explained their model in detail and provided a critique and translation of the Russian law in an article and book published soon after the law was passed.[1] They argued that, "in emerging markets, a self-enforcing model of corporate law -- in which mandatory procedural and structural rules empower outside directors and large minority shareholders to protect themselves against opportunism by insiders" was a better approach than either a highly prescriptive or a laissez-faire model. The recently adopted version of the   Commonwealth of Independent States Model Law on Joint-Stock Companies is another variation on the same self-enforcing model.[2] The present introduction will focus on how such a "self-enforcing model" has been implemented in Kazakhstan. Readers should note

---

[1] Bernard Black & Reinier Kraakman, "A Self Enforcing Model of Corporate Law," 109 *Harvard Law Review* 1911 (1996); available for free download at <http://papers.ssrn.com/sol3/papers.cfmfabstract_id=10037>. Bernard S. Black, Reiner H. Kraakman, Anna S. Tarassova, *Guide To the Russian Federal Law on Joint Stock Companies* (The Hague: Kluwer Law & Business, 1998). This book is still in print, but very expensive. The translation was excellent, but has now become outdated by numerous amendments to the law. The authors also published the book in Russian (without the English translation of the law). Блэк Бернард, Крэкман Рейнир, Тарасова Анна, *Комментарий Федерального закона "Об акционерных обществах"* (Moscow: COLPI. Labirint, 1999); available for free download at <http://papers.ssrn.com/sol3/papers.cfm?abstract_id=263141>.

[2] CIS Model Law "On Joint-Stock Companies" (As Amended), *Review of Central and East European Law*, Vol. 36, No. 3-4, pp. 314-488; Hans-Joachim Schramm, Lado Chanturiia, Max Gutbrod, Farkhad Karagussov, Rolf Knieper, Dmitrii Stepanov, Commentary on the CIS 2010 Model Law "On-Joint Stock Companies," *Review of Central and East European Law*, Vol. 36, No. 3-4, pp. 211-313 (2011).

that, as in Russia, owners of companies may, if they wish, effectively opt out of the shareholder protections of Kazakhstan joint-stock company law, by initially assigning all the company stock to a holding entity located in an off-shore jurisdiction with a complete laissez-faire approach to structuring business relationships. However, such an approach would not work if the intent was to create a company whose shares could be publicly traded in Kazakhstan.

Kazakhstan's corporate legislation has undergone numerous changes. In 1998 the country adopted a law on joint-stock companies that closely followed the text of the Russian law.[3] Kazakhstan's law was amended a number of times, and then replaced with a new law in 2003.[4] Like the Russian law, the Kazakhstan law followed the "self-enforcing" principle, but departed in a number of respects from specific Black-Kraakman recommendations. The text and parallel translation in this book show the law as of August 1, 2011, by which time the 2003 law had been amended 19 times. Since an issue of corporate law normally is governed by the law in effect at the time the issue arises, in case of a corporate transaction occurring for instance, on July 1, 2009, or July 1, 2013, the governing law would be that in effect then. Versions of the law (in Russian) as of any date are readily available in the excellent Paragraf Information System.[5]

CHAPTER 1. GENERAL PROVISIONS

The law starts with a set of definitions of basic terms used in the law. This approach, which is, of course, typical of modern legislative drafting in the United States, is derived from the Russian Law on Joint-Stock Companies, which was drafted with heavy input from American advisers. In translating the law I have tried to ensure consistency, so that the same translation used in the definition of the term in Article 1 of the Law is also used every time the term appears in the law. Thus in reading the law, it is

---

[3] Закон Республики Казахстан от 10 июля 1998 г. "Об акционерных обществах" (Ведомости Парламента Республики Казахстан, 1998 г., № 17–18, ст. 223; 1999 г., № 20, ст. 727; № 24, ст. 1072; 2001 г., № 23, ст. 321; 2002 г., № 10, ст. 102).

[4] Закон Республики Казахстан от 13 мая 2003 года № 415-II

[5] Paragraf <http://online.prg.kz/> requires payment of a small deposit with a major credit card and then deducts a very small charge for each document accessed.

always important to keep in mind the definition of terms. Thus for instance a "supermajority" does not mean a "very large majority," it means a majority of "not less than three-fourths of voting shares." Often the translation of terminology from a civil law country into English encounters serious difficulty because civil-law terminology rarely maps directly into common-law terminology. However, the American influence via the Russian law on the Kazakh law, means that most of the terminology of the Kazakhstan law corresponds to well-known concepts of corporation law in the United States. Nevertheless it is important to exercise considerable care. For instance the concept of an "independent director" has no uniform meaning in common law jurisdictions. Thus it important to understand that "independent director" has the specific meaning given in Article 1(20) of the Law.

Sometimes definitions, unfortunately, send the reader on a "paper chase." Independent director uses the term "affiliated person." "Affiliated person" in turn is defined in Article 1(20) by reference to Article 64 of the Law. To make matters worse, Article 64(1) of the law provides that the concept "affiliated person" includes "another person that is an affiliated person of the company in accordance with legislative acts of the Republic of Kazakhstan.

Article 4-1 defines a category of "public" companies, i.e., companies whose stock may be publicly traded. Becoming a "public company," requires compliance with the requirements of Article 4-1, additional requirements of other articles of the Law, and rules of the securities regulation agency . . . . may issue. The additional requirements obviously are aimed at protection of members of the public who might by shares in the company.

CHAPTER 2. FOUNDING OF THE COMPANY

Chapter 2 deals with the founding of the company. Much of it involves pure formalities, but this chapter also requires the founder or founders to make important initial decisions on the corporate governance structure.

In a totally prescriptive corporate law system, the founders of the company would have no options as to the legal regime governing corporate matters. Founding would be a simple matter of complying with formal requirements for registering a new company. To simplify company formation, Kazakhstan has adopted a model corporate charter, which essentially repeats mandatory and default rules of the Law on Joint-Stock Companies and leaves blanks for matters for which there are no mandatory or default rules, such as the name of the company (Article 3(5)) and the periodicity of dividends (Article 22),[6] Thus, one way to found a company would be to merely fill in the few blanks in the model charter and to register the charter with the appropriate authorities. The model charter, however, suffers from two serious defects. First, it fails to take a "check the box" approach that would alert founders to all the choices available to them in founding a company. Second, it incorporates verbatim much of the language of mandatory provisions the Law on Joint-Stock Companies. Obviously, the copying of this language has no legal effect, since mandatory provisions prevail whether or not incorporated in the charter. It is true, that having these rules in the charter can give some guidance to unsophisticated entrepreneurs or judges. However, my experience with charters of Soviet and post-Soviet legal entities has convinced me that copying of mandatory rules in charters is dangerous, in that entities frequently fail to update their charters when mandatory rules change or become, with the unfortunate result that the charter rules come to contradict the changed mandatory rules. If a mandatory rule ceases to be mandatory, nevertheless, if incorporated in a particular company's charter, it remains mandatory for the particular company until the company goes through the process of amending its charter.

Thus, well informed corporate founders and their lawyers should take care to consider each of the choices available to them under the law and to express their wishes clearly in the charter. This is particularly important because Article 36(1)(1) requires a supermajority, defined in Article 1(1) as three-fourths of voting shares for amending the charter. The founders can structure the charter to provide more (or less rights) to shareholders. In particular a, prospective founder who expects to hold a "blocking packet" of 25% plus one share, can protect himself by insisting that the charter, where possible, assign rights to the general meeting of shareholders rather than the

---

[6] Постановление Правительства Республики Казахстан от 16 сентября 2008 № 852, Об утверждении типовых уставов юридических лиц, являющихся субъектами малого, среднего и крупного предпринимательства (с изменениями и дополнениями от 23.12.2008 г.).

4

board of directors or executive. (Rethink and explain) As Black and Kraakman, point out, however, there are efficiency costs in assigning too many decisions to shareholders, because of the difficulties of making speedy and informed business decisions through shareholders' meetings.

CHAPTER 3. CHARTER CAPITAL OF THE COMPANY

The Law differs sharply from the Russian Joint-Stock Company Law (and from American company laws) with respect to charter capital requirements. First, the required capital is quite large. Article 10 provides for a minimum of 50,000 times an accounting indicator that is revised annually for inflation. In January 2012, the minimum capital so calculated was 81 million tenge, or about half a million dollars. In contrast the Russian Law requires a minimum capital of 100,000 rubles (US$3,200) for open joint stock companies and 10,000 rubles (US$320) for closed joint stock companies, while, of course corporation laws in the United States do not require any minimum capital. Like Russia and the United States, Kazakhstan requires no significant minimum capital for limited liability commercial entities that do not issue stock. Unlike Russia, Kazakhstan has no requirement that a company maintain the statutory minimum capital after founding. Nor does Kazakhstan link minimum capital to the total par value of shares outstanding.

CHAPTER 4. SHARES AND OTHER SECURITIES

Chapter 4 has rather conventional rules with respect to the issuance of common and preferred shares. It also allows a company to provide in its charter for a "golden share" that gives the holder veto power over matters specified in the charter. However, as indicated above, a company that has a golden share may not have publicly traded stock. A golden share may be used, for instance, to give the government continued power over a company that has been privatized. Articles 27 gives shareholders the right to force the company to buy back their shares in case of various defined events harmful to their interest. However, this right is limited by Article 28 to twenty-five percent of outstanding shares and ten percent of company capital.

CHAPTER 5.   MANAGEMENT OF THE COMPANY

Chapter 5 specifies a management hierarchy consisting of the general meeting of shareholders, the board of directors, and an executive body, which may be collegial or one-person. Article 14 gives shareholders a broad list of rights that cannot be limited by the charter, but allows the charter to provide further rights to shareholders. Thus rights assigned to shareholders by Article 14 cannot be reassigned to the board of directors. In contrast, a number of articles provide default rules placing certain powers in the board of directors, but allowing the charter to reassign them to shareholders. These include: a decision to distribute declared shares of the company (Article 18), certain buybacks of shares (Article 26), and default powers of the board of directors (Article 53). Article 14 gives major shareholders (holding 10% or more of outstanding shares) the power to force the holding of an extraordinary general meeting of shareholders or of the board of directors, to add items to the agenda of a shareholder meeting, and to demand (at their own expense) an outside audit of the company. Obviously the 10% requirement is meant to avoid nuisance claims by those with insignificant shareholdings. While under Article 36 most actions can be taken by a simple majority of shareholder votes at a shareholder meeting at which there is a quorum, some actions, such as amending the corporate charter, voluntary reorganization or liquidation, and increasing the number of declared shares require a supermajority of 75% of outstanding shares. This rule is similar to that in the Russian law. Sophisticated investors who buy a minority interest may want a shareholding of less than 25% plus one share, so that they may block adverse action by majority shareholders. Article 50 provides for cumulate voting for the board of directors. This provides another protection for minority shareholders.

CHAPTER 6. AFFILIATED PERSONS OF THE COMPANY

Chapter 6 contains a definition of "affiliated persons." This definition is used in Chapter 7, which establishes special requirements for the making of "major transactions" and "transactions in which there is an interest. With respect to major transactions, the idea is that related transactions made by affiliated persons should be grouped together to determine if, in total, they cross the threshold to be a major transaction. With respect to transactions in

6

which there is an interest, having affiliated persons on both sides of a transaction raises questions of conflict of interest.

CHAPTER 7. TRANSACTIONS OF THE COMPANY WITH RESPECT TO THE CONCLUSION OF WHICH SPECIAL CONDITIONS ARE ESTABLISHED

Like the Russian Law, the Kazakhstan law requires special approval procedures for two types of transactions, major transactions, and transactions in which there is an interest. A major transaction is defined as a transaction involving acquiring or alienating property with a value of 25% or more of the value of the assets of the company or some other transaction declared to be major the charter or a decision of the general meeting of shareholders. For instance, if the charter classifies a wide variety of transactions as "major," a minority shareholder with over 25% of the votes could prevent the amendment of the charter, and thus ensure that special procedures would be followed. To protect shareholders, an outside appraisal is required if property worth over 10% of the assets of the company is acquired or alienated. Article 70 requires publication of notice of major transactions and allows the charter to require that such transactions be approved by a general meeting of shareholders.

The procedures for approval of transactions in which there is an interest are necessarily more complex, so as to exclude self-dealing. Such a decision requires approval by a majority of disinterested directors, or by disinterested shareholders if there are an insufficient number of disinterest shareholders. If there are no disinterested shareholders, all may vote.

A problem that has surfaced in Russia and Kazakhstan is that the definitions of major transaction and transaction with interest leave some matters open to dispute. In terms of planning, doubt may slow business decisions by leading a company to go through formal approval procedures for transactions that most likely don't need them. Once a transaction has been concluded, it may turn out, for instance, because of changed market conditions, to be unfavorable to the company or to the other party to the transaction. Article 74(1) allows a transaction made in violation of the rules on major transactions and transactions with interest to be declared invalid "on suit of interested persons. Article 74(3) provides: "A person who has intentionally concluded a major transaction in violation of the requirements established by the present Law or the charter of the company shall not have the right to demand the declaration of the transaction as invalid if such a demand is caused by mercenary motives or by the intention to avoid responsibility." However, this restriction in Article 74(3) may be avoided. Either those who control the company or a person who made a transaction with the company can find a cooperative shareholder who will sue to have the transaction declared invalid.

The definitions of major transaction and transactions with interest raise a number of possibilities for contesting a transaction. There may be a failure to comply with the formal steps required by the law for proper approval of such transactions. With respect to a major transaction, even if an appraisal was made, there may be a possibility to contest its accuracy. The person contesting a transaction may argue that it was a major transaction because it was part of a several related transactions which together were large enough to constitute a major transaction, and which should have been appraised together. A transaction may be contested for failure to follow the procedures for a transaction with interest stated in Article 73. The person contesting a transaction may argue that additional persons are actually affiliated, as defined in Article 64, beyond those that the company treated as affiliated, so that the proper procedures were not followed with respect to those actually affiliated.

CHAPTER 8.   FINANCIAL REPORTING AND AUDIT OF THE COMPANY

Chapter 8 requires the company to present an audited annual report to the general meeting of shareholders. The must publish its annual report, and, if it has subsidiaries, a consolidated annual report. Article 78 requires the company to conduct an audit of its annual financial reporting.

CHAPTER 9. DISCLOSURE OF INFORMATION BY THE COMPANY. DOCUMENTS OF THE COMPANY

Chapter 9 contains a number of disclosure requirements for the protection of shareholders. These include reporting to shareholders of

8

important events, a list of which is provided in Article 79, and providing shareholders with access to company documents.

CHAPTER 10. REORGANIZATION AND LIQUIDATION OF THE COMPANY

There are both drafting and substantive problems with the provisions on reorganization and liquidation. Article 81 defines a "reorganization" as a "merger, accession, spinoff, or transformation." Article 36(1)(2) requires a supermajority vote of 75% of outstanding shares for a voluntary reorganization or liquidation. Accordingly both Article 82 (Merger) and Article 83 (accession) explicitly require a supermajority. However, Article 84 (Division), Article 85 (Spinoff), Article 86 (Transformation), and Article 88 (with respect to voluntary liquidation) do not explicitly require a supermajority. Presumably, this drafting inconsistency will be solved by giving preference to the express language of Article 36(1)(2) over the silence of Articles 84, 85, 86, and 88 with respect to the need for a supermajority vote.

A more serious problem is that the articles on reorganization base post-reorganization shareholder rights on book value. Of course book value almost always differs from actual value. Further, the ratio of book value to actual value will usually differ for companies being joined in a reorganization. This difference provides opportunities for shareholders able to put together a supermajority to take value from minority shareholders. The only remedy for minority shareholders, namely forced buyback of shares, because the limitations on buyback in Article 26 may mean that not all injured shareholders can force the company to buy their shares.

NOTE TO THE READER

The following English translation reflects that status of the Law of the Republic of Kazakhstan on Joint-Stock Companies as of January 12, 2012. I wish to thank Aleksandr Karshan, a second-year law student at the University of Illinois College of Law for his careful proofreading of the translation and his very helpful suggestions.

.

LAW OF THE REPUBLIC OF KAZAKHSTAN ON JOINT-STOCK COMPANIES MAY 13, 2003 No. 415-II (as amended through January 12, 2012)

The present Law defines the legal status, the method of creation, activity, reorganization, and liquidation of a joint-stock company; the rights and duties of shareholders, and also measures for protecting their rights and interests; the competence, method of formation and functioning of bodies of a joint stock companies; and the powers, method of election, and responsibility of its officers.

Chapter 1. GENERAL PROVISIONS

Article 1. Basic Concepts Used in the Present Law

1) supermajority – a majority in the amount of not less than three-fourths;

2) convertible security – a security of a joint-stock company subject to exchange for a security of the company of a different type on the terms and in the manner defined by the issue prospectus;

3) shareholder – a person who is the owner of a share;

4) share – a security issued by a joint-stock company and certifying the right to participation in the management of the company, receipt of a dividend upon it, and part of the property of the company upon its liquidation, and also other rights provided by the present Law and other legislative acts of the Republic of Kazakhstan;

5) controlling block of shares – a block of shares granting the right to determine decisions taken by the joint-stock company;

6) par value of a share – the price at which shares are distributed among founders (or are paid for by the sole founder), uniform for all common and preferred shares and determined in the founding contract (or decision of the sole founder) of a joint-stock company;

7) affiliated persons – physical or legal persons (with the exception of state bodies exercising oversight and supervision functions within the limits of the powers granted them) that have the possibility of directly and/or indirectly determining decisions and/or exerting influence on decisions adopted by one another including by virtue of a concluded transactions. The list of affiliated persons of the company is established by Article 64 of the present Law;

10

Закон Республики Казахстан от 13 мая 2003 года № 415-II Об акционерных обществах (с изменениями и дополнениями по состоянию на 12.01.2012 г.)

Настоящий Закон определяет правовое положение, порядок создания, деятельности, реорганизации и ликвидации акционерного общества; права и обязанности акционеров, а также меры по защите их прав и интересов; компетенцию, порядок образования и функционирования органов акционерного общества; полномочия, порядок избрания и ответственность его должностных лиц.

Глава 1. Общие положения

Статья 1. Основные понятия, используемые в настоящем Законе

1) квалифицированное большинство - большинство в размере не менее трех четвертей;

2) конвертируемая ценная бумага — ценная бумага акционерного общества, подлежащая замене на его ценную бумагу другого вида на условиях и в порядке, определяемых проспектом выпуска;

3) акционер — лицо, являющееся собственником акции;

4) акция — ценная бумага, выпускаемая акционерным обществом и удостоверяющая права на участие в управлении акционерным обществом, получение дивиденда по ней и части имущества общества при его ликвидации, а также иные права, предусмотренные настоящим Законом и иными законодательными актами Республики Казахстан;

5) контрольный пакет акций — пакет акций, предоставляющий право определять решения, принимаемые акционерным обществом;

6) номинальная стоимость акции — цена, по которой акции размещаются среди учредителей (оплачиваются единственным учредителем), единая для всех простых и привилегированных акций и определяемая в учредительном договоре (решении единственного учредителя) акционерного общества;

7) аффилиированные лица — физические или юридические лица (за исключением государственных органов, осуществляющих контрольные и надзорные функции в рамках предоставленных им полномочий), имеющие возможность прямо и (или) косвенно определять решения и (или) оказывать влияние на принимаемые друг другом (одним из лиц) решения, в том числе в силу заключенной сделки. Перечень аффилиированных лиц общества устанавливается статьей 64 настоящего Закона;

8) voting shares – distributed common shares and also preferred shares, the right of vote for which has been granted in cases provided by the present Law. Voting shares shall not include shares bought by the company nor shares in nominal holding and belonging to an owner information on whom is absent in the system of recordkeeping of the central depository;

9) dividend – income of a shareholder on shares belonging to him, paid by the joint-stock company;

10) declared shares – shares whose issue is registered with the authorized body in accordance with the legislation of the Republic of Kazakhstan on the securities market;

11) corporate website – the official Internet site belonging to the company and meeting the requirements set by the authorized body. The presence of a corporate website is obligatory for public companies;

12) corporate secretary – employee of a joint-stock company that is not a member of the board of directors or the executive body of the company, who is named by the board of directors of the company and reports to the board of directors of the company and within the limits of his authorized activity supervises the preparation and conducting of sessions of the meeting of shareholders and of the board of directors of the company, ensures the preparation of material on matters of the agenda for the general meeting of shareholders and the meeting of the board of directors of the company, supervises access to such material. The competence and activity of the corporate secretary shall be determined by internal documents of the company;

12.1) corporate events - events exerting significant influence on the activity of a joint-stock company or affecting the interests of shareholders and investors of the joint-stock company, as defined in Article 79 of the present Law;

13) cumulative voting – a method of voting in accordance with which for each participant in voting a share is allocated a number of votes equal to the number of members to be elected to a body of the company;

14) code of corporate management of the company – a document approved by the general meeting of shareholders of the company regulating relations arising in the process of management of the company including relations between shareholders and bodies of the company, among bodies of the company, and between the company and interested persons;

15) registrar of the company – the organization conducting professional activity for the maintenance of the system of registers of holders of securities of the company;

8) голосующие акции — размещенные простые акции, а также привилегированные акции, право голоса по которым предоставлено в случаях, предусмотренных настоящим Законом. В число голосующих акций не входят выкупленные обществом акции, а также акции, находящиеся в номинальном держании и принадлежащие собственнику, сведения о котором отсутствуют в системе учета центрального депозитария;

9) дивиденд — доход акционера по принадлежащим ему акциям, выплачиваемый акционерным обществом;

10) объявленные акции — акции, выпуск которых зарегистрирован уполномоченным органом в соответствии с законодательством Республики Казахстан о рынке ценных бумаг;

11) корпоративный веб-сайт — официальный электронный сайт в сети Интернет, принадлежащий обществу и отвечающий установленным уполномоченным органом требованиям. Наличие корпоративного веб-сайта для публичных компаний обязательно;

12) корпоративный секретарь — работник акционерного общества, не являющийся членом совета директоров и (или) исполнительного органа общества, который назначен советом директоров общества и подотчетен совету директоров общества, а также в рамках своей деятельности контролирует подготовку и проведение заседаний собрания акционеров и совета директоров общества, обеспечивает формирование материалов по вопросам повестки дня общего собрания акционеров и материалов к заседанию совета директоров общества, ведет контроль за обеспечением доступа к ним. Компетенция и деятельность корпоративного секретаря определяются внутренними документами общества;

12-1) корпоративные события - события, оказывающие существенное влияние на деятельность акционерного общества, затрагивающие интересы акционеров и инвесторов акционерного общества, определенные статьей 79 настоящего Закона;

13) кумулятивное голосование — способ голосования, при котором на каждую участвующую в голосовании акцию приходится количество голосов, равное числу избираемых членов органа общества;

14) кодекс корпоративного управления общества — документ, утверждаемый общим собранием акционеров общества, регулирующий отношения, возникающие в процессе управления обществом, в том числе отношения между акционерами и органами общества, между органами общества, обществом и заинтересованными лицами;

15) регистратор общества — организация, осуществляющая профессиональную деятельность по ведению системы реестров держателей ценных бумаг общества;

16) official – a member of the board of directors of a joint-stock company, its executive body, or a person solely exercising the functions of the executive body of the joint-stock company;

17) minority shareholder – a shareholder who owns less than ten percent of voting shares of the joint-stock company;

18) distribution price – the price of shares determined for the distribution of shares on the primary securities market;

19) distributed shares – shares of the joint-stock company paid for by the founders and investors on the primary securities market;

20) independent director – a member of the board of directors who is not an affiliated person of the given joint-stock company and was not an affiliated person during the three years preceding his election to the board of directors (with the exception of his being in the position of independent director of the given joint-stock company), is not an affiliated person with respect to affiliated persons of the given joint-stock company or organizations that are affiliated persons of the given joint-stock company and was not connected by subordination with officials of the given joint-stock company and was not connected by subordination with the given persons during the three years preceding his election to the board of directors; is not a state employee; is not a representative of a shareholder at meetings of the shareholders of the joint-stock company and has not been such a representative during the three years preceding his election to the board of directors does not participate in the audit of the given joint-stock company as an auditor working on the staff of an auditing organization and has not participated in such an audit during the three years preceding his election to the board of directors.

21) payment agent – a bank or organization conducting certain types of banking operations;

22) authorized body – a state body conducting regulation and supervision of the securities market;

23) major shareholder – a shareholder or several shareholders acting on the basis an agreement concluded among them who owns, or who in total own ten or more percent of the voting shares of the joint-stock company.

Article 2. Legislation of the Republic of Kazakhstan on Joint-Stock Companies

1. The legislation of the Republic of Kazakhstan on joint-stock companies is based on the Constitution of the Republic of Kazakhstan and consists of the Civil Code, the present Law, and other normative legal acts of the Republic of Kazakhstan.

2. The provisions of the present Law shall be applied taking into account the peculiarities provided by legislative acts of the Republic of Kazakhstan.

16) должностное лицо — член совета директоров акционерного общества, его исполнительного органа или лицо, единолично осуществляющее функции исполнительного органа акционерного общества;

17) миноритарный акционер — акционер, которому принадлежат менее десяти процентов голосующих акций акционерного общества;

18) цена размещения — цена акции, определяемая при размещении акций на первичном рынке ценных бумаг;

19) размещенные акции — акции акционерного общества, оплаченные учредителями и инвесторами на первичном рынке ценных бумаг;

20) независимый директор — член совета директоров, который не является аффилированным лицом данного акционерного общества и не являлся им в течение трех лет, предшествовавших его избранию в совет директоров (за исключением случая его пребывания на должности независимого директора данного акционерного общества), не является аффилированным лицом по отношению к аффилированным лицам данного акционерного общества; не связан подчиненностью с должностными лицами данного акционерного общества или организаций — аффилированных лиц данного акционерного общества и не был связан подчиненностью с данными лицами в течение трех лет, предшествовавших его избранию в совет директоров; не является государственным служащим; не является представителем акционера на заседаниях органов данного акционерного общества и не являлся им в течение трех лет, предшествовавших его избранию в совет директоров; не участвует в аудите данного акционерного общества в качестве аудитора, работающего в составе аудиторской организации, и не участвовал в таком аудите в течение трех лет, предшествовавших его избранию в совет директоров;

21) платежный агент — банк или организация, осуществляющая отдельные виды банковских операций;

22) уполномоченный орган — государственный орган, осуществляющий регулирование и надзор за рынком ценных бумаг;

23) крупный акционер — акционер или несколько акционеров, действующих на основании заключенного между ними соглашения, которому (которым в совокупности) принадлежат десять и более процентов голосующих акций акционерного общества.

Статья 2. Законодательство Республики Казахстан об акционерных обществах

1. Законодательство Республики Казахстан об акционерных обществах основывается на Конституции Республики Казахстан и состоит из Гражданского кодекса, настоящего Закона и иных нормативных правовых актов Республики Казахстан.

2. Положения настоящего Закона применяются с учетом особенностей, предусмотренных законодательными актами Республики Казахстан.

3. If an international treaty ratified by the Republic of Kazakhstan establishes rules other than those that are contained in the present Law, then the rules of the international treaty shall be applied.

Article 3. Joint-Stock Company

1. A joint-stock company (hereinafter – "company") is a legal person issuing stock for the purpose of attracting assets for the performance of its activity.

The company holds property separate from the property of its shareholders and is not responsible for their obligations.

The company shall bear liability for its obligations within the limits of its property.

2. A shareholder of the company is not responsible for its obligations and bears the risk of losses connected with the activity of the company within the limits of the shares belonging to him, except where otherwise provided otherwise by legislative acts of the Republic of Kazakhstan.

3. In cases provided by the legislation of the Republic of Kazakhstan, non-commercial organizations may be founded in the organization-legal form of a joint-stock company.

4. A company (except for a non-commercial organization founded in the organizational-legal form of a joint company) has the right to issue bonds and other types of securities and commercial paper.

5. Legislative acts of the Republic of Kazakhstan may make the organizational-legal form of a company obligatory for organizations conducting certain types of activity.

6. The company shall have a firm name, which must include an indication of the organizational-legal form "joint-stock company" and its name. An abbreviation of the name of the company is permitted with the use of the abbreviation "AO" [translator's note – "AO" is the Russian abbreviation for "Joint-Stock Company] before the name of the company.

Article 4. [repealed]

Article 4-1. Public Company

1. A public company is a company that meets the following criteria:

1) the company must carry out distribution of its common shares on unorganized and/or organized securities markets, offering these shares to an unlimited group of investors;

2) not less than thirty percent of the overall number of distributed common shares must belong to shareholders each of whom holds not more than five percent of the common shares of the company out of the overall number of distributed common shares of the company;

3. Если международным договором, ратифицированным Республикой Казахстан, установлены иные правила, чем те, которые содержатся в настоящем Законе, то применяются правила международного договора.

Статья 3. Акционерное общество

1. Акционерным обществом (далее - общество) признается юридическое лицо, выпускающее акции с целью привлечения средств для осуществления своей деятельности.

Общество обладает имуществом, обособленным от имущества своих акционеров, и не отвечает по их обязательствам.

Общество несет ответственность по своим обязательствам в пределах своего имущества.

2. Акционер общества не отвечает по его обязательствам и несет риск убытков, связанных с деятельностью общества, в пределах стоимости принадлежащих ему акций, за исключением случаев, предусмотренных законодательными актами Республики Казахстан.

3. В случаях, предусмотренных законодательством Республики Казахстан, в организационно-правовой форме акционерного общества могут создаваться некоммерческие организации.

4. Общество (кроме некоммерческой организации, созданной в организационно-правовой форме акционерного общества) вправе выпускать облигации и иные виды ценных бумаг.

5. Законодательными актами Республики Казахстан может быть установлена обязательность организационно-правовой формы акционерного общества для организаций, осуществляющих отдельные виды деятельности.

6. Общество имеет фирменное наименование, которое должно включать в себя указание на организационно-правовую форму «акционерное общество» и его название. Допускается сокращение наименования общества с использованием аббревиатуры «АО» перед названием общества.

Статья 4. [Исключена]

Статья 4-1. Публичная компания

1. Публичной компанией признается общество, которое соответствует следующим критериям:

1) общество должно осуществить размещение своих простых акций на неорганизованном и (или) организованном рынках ценных бумаг, предложив данные акции неограниченному кругу инвесторов;

2) не менее тридцати процентов от общего количества размещенных простых акций общества должно принадлежать акционерам, каждый из которых владеет не более чем пятью процентами простых акций общества от общего количества размещенных простых акций общества;

3) the volume of trade of common shares of the company must correspond to the requirements established by a normative legal act of the authorized body;

4) the shares of the company must be in a category of a list of an exchange functioning on the territory of the Republic of Kazakhstan for inclusion in and remaining on which the internal documents of the exchange have established special (listing) requirements for securities and their issuers or shares included in the list of the special trading floor of the regional financial center of the city of Almaty.

1.1 The provisions of subparagraphs (1) and (2) of Paragraph 1 of the present Article shall not be applied for purposes of recognition as a public company with respect to a company, the controlling block of whose shares belong directly or indirectly to a national management holding.

2. The charter of a public company must require:

1) a code of corporate management;

2) the office of corporate secretary;

3) a corporate website;

4) prohibition of a "golden share".

2.1. The following documents must be posted for open access on the corporate website of a public company:

1) the charter of the public company;

2) the code of corporate management;

3) the annual financial reporting for the two latest financial years (with the exception of newly founded public companies), confirmed by auditor's reports;

4) other internal documents regulating matters of corporate management, including those regulating the activity of the board of directors and its committees, the activity of the corporate secretary and also matters of conducting the audit of the public company.

The documents in the present paragraph also may be posted by the public company on the Internet resource of a financial reporting depository, determined in a accordance with the legislation of the Republic of Kazakhstan on accounting and financial report.

3. Recognition of a company as a public company or cancellation of its status as a public company shall be made by the authorized body in the manner established by it on the basis of an application by the company.

4. The company shall lose the status of a public company in cases of:

1) non-observance for three consecutive months of the requirements of subparagraphs (2) and/or (3) of Paragraph 1 of the present Article;

2) nonconformance with subparagraph (4) of Paragraph 1 of the present Article.

3) объем торгов простыми акциями общества должен соответствовать требованиям, установленным нормативным правовым актом уполномоченного органа;

4) акции общества должны находиться в категории списка фондовой биржи, функционирующей на территории Республики Казахстан, для включения и нахождения в которой внутренними документами фондовой биржи установлены специальные (листинговые) требования к ценным бумагам и их эмитентам либо они включены в список специальной торговой площадки регионального финансового центра города Алматы.

1-1. Для признания публичной компанией общества, контрольный пакет акций которого прямо или косвенно принадлежит национальному управляющему холдингу, положения подпунктов 1) и 2) пункта 1 настоящей статьи не применяются.

2. Уставом публичной компании должно быть предусмотрено наличие:

1) кодекса корпоративного управления;

2) должности корпоративного секретаря;

3) корпоративного веб-сайта;

4) запрета «золотой акции».

2-1. На корпоративном интернет-ресурсе публичной компании в открытом доступе должны быть размещены следующие документы:

1) устав публичной компании;

2) кодекс корпоративного управления;

3) годовые финансовые отчетности за два последних финансовых года (за исключением вновь созданных публичных компаний), подтвержденные аудиторскими отчетами;

4) иные внутренние документы, регламентирующие вопросы корпоративного управления, в том числе регламентирующие деятельность совета директоров и его комитетов, деятельность корпоративного секретаря, а также вопросы проведения аудита публичной компании.

Указанные в настоящем пункте документы также могут размещаться публичной компанией на интернет-ресурсе депозитария финансовой отчетности, определенного в соответствии с законодательством Республики Казахстан о бухгалтерском учете и финансовой отчетности.

3. Признание общества публичной компанией или отзыв у него статуса публичной компании производится уполномоченным органом в установленном им порядке на основании заявления общества.

4. Общество утрачивает статус публичной компании в случаях:

1) несоблюдения в течение трех последовательных месяцев требований подпунктов 2) и (или) 3) пункта 1 настоящей статьи;

2) несоответствия подпункту 4) пункта 1 настоящей статьи.

Chapter 2. FOUNDING OF THE COMPANY

Article 5. Founders of the Company

1. The founders of the company are the physical and/or legal persons that have made the decision to found it.

2. State bodies of the Republic of Kazakhstan and state institutions may not act as founders or shareholders of a company with the exception of the Government of the Republic of Kazakhstan, local executive bodies, and the National Bank of the Republic of Kazakhstan in accordance with legislative acts of the Republic of Kazakhstan.

By decision of the Government of the Republic of Kazakhstan, the authorized body for managing state property may act as the founder of joint-stock companies.

By decision of the local executive body, the executive body financed from the local budget authorized for disposition of local government property may act as the founder of joint stock companies.

A state enterprise may act as the founder of a company or obtain its shares only with the agreement of the state body exercising with respect to the given enterprise the function of owner and body of state administration.

3. One person may be the founder of a company.

4. The founders of a company shall bear joint and several liability to pay for expenses connected with the founding of the company and those arising before its state registration. The company shall compensate the founders for these expenditures only in case of subsequent approval of such expenditures by the general meeting of shareholders of the company.

Article 6. Founding Meeting. Sole Founder

1. The company shall be founded by decision of a meeting of its founders (the founding meeting). In case of founding of a company by one founder, the decision on founding the company shall be taken by such person alone.

A company may be founded by the reorganization of an existing legal person in the manner established by the present Law and other legal acts of the Republic of Kazakhstan.

2. At the first founding meeting the founders:

1) shall adopt a decision on founding the company and shall define the manner of joint activity for founding the company;

2) shall conclude the founding contract;

3) shall establish the amount of preliminary payment for shares by the founders;

4) shall establish the number of declared shares including shares to be paid for by the founders;

Глава 2. Создание общества

Статья 5. Учредители общества

1. Учредителями общества являются физические и (или) юридические лица, принявшие решение о его создании.

2. Государственные органы Республики Казахстан и государственные учреждения не могут выступать в качестве учредителей или акционеров общества, за исключением Правительства Республики Казахстан, местных исполнительных органов, а также Национального Банка Республики Казахстан, в соответствии с законодательными актами Республики Казахстан.

По решению Правительства Республики Казахстан учредителем акционерных обществ выступает уполномоченный орган по управлению государственным имуществом.

По решению местного исполнительного органа учредителем акционерных обществ выступает исполнительный орган, финансируемый из местного бюджета, уполномоченный на распоряжение коммунальным имуществом.

Государственное предприятие вправе выступать учредителем общества и приобретать его акции только с согласия государственного органа, осуществляющего по отношению к данному предприятию функцию собственника и органа государственного управления.

3. Учредителем общества может быть одно лицо.

4. Учредители общества несут солидарную ответственность по оплате расходов, связанных с созданием общества и возникших до его государственной регистрации. Общество возмещает своим учредителям указанные расходы только в случае последующего одобрения таких расходов общим собранием акционеров общества.

Статья 6. Учредительное собрание. Единственный учредитель

1. Общество учреждается по решению собрания его учредителей (учредительного собрания). В случае учреждения общества одним учредителем решение об учреждении общества принимается таким лицом единолично.

Общество может быть создано посредством реорганизации существующего юридического лица в порядке, установленном настоящим Законом и иными законодательными актами Республики Казахстан.

2. На первом учредительном собрании учредители:

1) принимают решение об учреждении общества и определяют порядок совместной деятельности по созданию общества;

2) заключают учредительный договор;

3) устанавливают размер предварительной оплаты акций учредителями;

4) устанавливают количество объявленных акций, в том числе акций, подлежащих оплате учредителями;

4-1) shall establish the requirements for and manner of conversion of securities of the company subject to exchange for shares of the company;

4-2) shall approve the method of determining the price of shares in case of their purchase by the company in accordance with the present Law;

5) shall take a decision on state registration of shares declared for issuance;

6) [repealed];

7) shall elect the persons authorized to sign, on behalf of the company, documents for state registration;

8) shall designate the persons who, in accordance with the legislation of the Republic of Kazakhstan, will appraise the property contributed in payment of the charter capital by founders of the company;

9) shall elect the persons authorized to conduct the financial and commercial activity of the company and to represent its interests with third parties before the formation of the bodies of the company;

10) shall approve the charter of the company.

3. Before the start of distribution of shares it is permitted to hold several subsequent meetings of founders. At such meetings, the making of amendments and additions to decisions taken at the first founding meeting shall be allowed only with the participation in the founding meetings of all the parties to the founding contract.

4. At the first founding meeting of the company each of the founders shall have one vote. At each of the subsequent founding meetings, each of the founders shall have one vote unless otherwise provided by the founding contract.

5. Decisions of the founding meeting (or of the sole founder) shall be formalized by minutes signed by all the founders (or the sole founder) of the company.

Article 7. Founding Contract. Decision of the Sole Founder

1. The founding contract (or the decision of the sole founder) shall contain:

1) information on founders (or the sole founder) of the company, including:

with respect to a physical person, the name, citizenship, place of residence, and data of the document establishing identity;

with respect to a legal person, its name, place of location, and data on its state registration.

2) an entry on the founding of the company, the full and abbreviated name of the company, and also the manner of creating it;

3) the amount of preliminary payment for shares by the founders and also the time periods for and manner of payment;

4-1) устанавливают условия и порядок конвертирования ценных бумаг общества, подлежащих замене на акции общества;

4-2) утверждают методику определения стоимости акций при их выкупе обществом в соответствии с настоящим Законом;

5) принимают решение о государственной регистрации объявленных к выпуску акций;

6) [Исключен]

7) избирают лиц, уполномоченных подписывать от имени общества документы для государственной регистрации;

8) определяют лиц, которые в соответствии с законодательством Республики Казахстан будут производить оценку имущества, вносимого в оплату уставного капитала учредителями общества;

9) избирают лиц, уполномоченных осуществлять финансово-хозяйственную деятельность общества и представлять его интересы перед третьими лицами до образования органов общества;

10) утверждают устав общества.

3. До начала размещения акций допускается проведение нескольких последующих собраний учредителей. При этом внесение изменений и дополнений в решения, принятые на первом учредительном собрании, допускается только при участии в учредительных собраниях всех сторон учредительного договора.

4. На первом учредительном собрании общества каждый из учредителей имеет один голос. На последующих учредительных собраниях каждый из учредителей имеет один голос, если иное не установлено учредительным договором.

5. Решения учредительного собрания (единственного учредителя) оформляются протоколом, подлежащим подписанию всеми учредителями (единственным учредителем) общества.

Статья 7. Учредительный договор. Решение единственного учредителя

1. Учредительный договор (решение единственного учредителя) содержит:

1) сведения об учредителях (единственном учредителе) общества, включая:

в отношении физического лица имя, гражданство, место проживания и данные документа, удостоверяющего личность;

в отношении юридического лица его наименование, место нахождения, данные о государственной регистрации;

2) запись об учреждении общества, полное и сокращенное наименования общества, а также порядок его создания

3) размер предварительной оплаты акций учредителями, а также сроки и порядок оплаты;

4) the number, types, and par value of declared shares of the company that will be distributed among its founders (or obtained by the sole founder) after the state registration of the issuance of shares;

5) the rights and duties of its founders and the distribution of expenditures connected with the founding of the company and also other terms of the conduct by the founders of activity for the founding of the company;

6) a determination of the powers of the persons who are responsible for representing the interests of the company in the process of its creation and state registration;

7) the manner of calling and conducting subsequent meetings of the founders of the company and also the number of votes of each founder of the company at subsequent founding meetings;

8) an entry on approval of the charter of the company;

9) other terms subject to inclusion in the founding contract (or in the decision of the sole founder):

by a decision of the founders;

in accordance with legislative acts of the Republic of Kazakhstan.

2. During the period of effectiveness of the founding contract (or of the decision of the sole founder), its parties (or the sole founder) shall have the right to make amendments and additions to it subject to the requirements established by Paragraph 3 of Article 6 of the present Law.

3. Unless otherwise provided by the contract itself (or by the decision of the sole founder), information contained in the founding contract (or in the decision of the sole founder) is commercial secret. The founding contract (or decision of the sole founder) is subject to presentation to state bodies and also to third persons only by decision of the company or in cases established by legislative acts of the Republic of Kazakhstan.

4. The effect of the founding contract (or decision of the sole founder) shall be terminated from the day of state registration of the issuance of declared shares.

Article 8. Manner of Concluding the Founding Contract (or Formalizing the Decision of the Sole Founder)

1. The founding contract shall be concluded in written form by the signing of the contract by each founder or his representative.

The decision of a sole founder shall be formalized in written form and shall be signed by the founder or his representative.

The founding contract (or the decision of a sole founder) shall be subject to notarial certification.

4) количество, виды и номинальную стоимость объявленных акций общества, которые будут размещены среди его учредителей (приобретены единственным учредителем) после государственной регистрации выпуска акций;

5) права и обязанности его учредителей и распределение расходов, связанных с созданием общества, а также иные условия осуществления учредителями деятельности по созданию общества;

6) определение полномочий лиц, которым поручается представлять интересы общества в процессе его создания и государственной регистрации;

7) порядок созыва и проведения последующих собраний учредителей общества, а также количество голосов каждого учредителя общества на последующих учредительных собраниях;

8) запись об утверждении устава общества;

9) иные условия, подлежащие включению в учредительный договор (решение единственного учредителя):

по решению учредителей;

в соответствии с законодательными актами Республики Казахстан.

2. В период действия учредительного договора (решения единственного учредителя) его стороны (единственный учредитель) вправе вносить в него изменения и дополнения при условии соблюдения требований, установленных пунктом 3 статьи 6 настоящего Закона.

3. Сведения, изложенные в учредительном договоре (решении единственного учредителя), являются коммерческой тайной, если иное не предусмотрено самим договором (решением единственного учредителя). Учредительный договор (решение единственного учредителя) подлежит предъявлению в государственные органы, а также третьим лицам только по решению общества либо в случаях, установленных законодательными актами Республики Казахстан.

4. Действие учредительного договора (решения единственного учредителя) прекращается со дня государственной регистрации выпуска объявленных акций.

Статья 8. Порядок заключения учредительного договора (оформления решения единственного учредителя)

1. Учредительный договор заключается в письменной форме посредством подписания договора каждым учредителем или его представителем.

Решение единственного учредителя оформляется в письменной форме и подписывается учредителем или его представителем.

Учредительный договор (решение единственного учредителя) подлежит нотариальному удостоверению.

2. Representatives of the founders (or of the sole founder) must have appropriate powers of attorney formalized in accordance with the legislation of the Republic of Kazakhstan and giving the right to creation of the company, including the right to participate in the meeting of founders and to sign the founding contract.

Article 9. Charter of the Company
1. The charter of the company is a document determining the legal status of the company as a legal person. The charter of the company must be signed by the founders (or sole founder) or their representatives (or representative), with the exception of , of amendments and additions to the charter (including those made in the form of a new version of the charter) formalized in the manner provided by the legislation of the Republic of Kazakhstan, which shall be signed by a person authorized by the general meeting of shareholders. The charter of the company and also all changes and additions to it shall be subject to notarial certification.
2. The charter of the company must contain the following provisions:
1) the full and abbreviated names of the company;
2) the place of location of the executive body of the company;
3) information on the rights of shareholders including the scope of rights certified by preferred shares of the company;
3-1) matters with respect to which the holder of the "golden share" (if any) has a veto right and also the first name, last name, and (if any) patronymic of the holder of the "golden share)
4) [repealed];
5) the manner of formation and competence of bodies of the company;
6) the manner of organization of activity of bodies of the company, including:
the manner of calling, preparing, and conducting the general meeting of shareholders and sessions of collegial bodies of the company;
the manner of adopting decisions of bodies of the company, including the list of matters decisions on which must be made by a supermajority of votes;
7) the manner of providing shareholders of the company with information on its activity indicating the designation of the mass media to be used for publication of information on the activity of the company;
7-1) the manner of provision by shareholders and officials of the company of information on their affiliated persons;
8) in the case when the company is a non-commercial organization: an indication that the company is a non-commercial organization, provisions on the manner of voting, non-payment of dividends and other requirements established by the present Law and other legislative acts of the Republic of Kazakhstan;

2. Представители учредителей (единственного учредителя) должны иметь соответствующие полномочия, оформленные в соответствии с законодательством Республики Казахстан и дающие право на создание общества, включая право на участие в собрании учредителей и подписание учредительного договора.

Статья 9. Устав общества

1. Устав общества является документом, определяющим правовой статус общества как юридического лица. Устав общества должен быть подписан учредителями (единственным учредителем) либо их представителями (представителем), за исключением изменений и дополнений в устав (в том числе изложенных в виде новой редакции устава), оформленных в порядке, предусмотренном законодательством Республики Казахстан, которые подписываются лицом, уполномоченным общим собранием акционеров. Устав общества, а также все изменения и дополнения к нему подлежат нотариальному удостоверению.

2. Устав общества должен содержать следующие положения:

1) полное и сокращенное наименования общества;

2) место нахождения исполнительного органа общества;

Подпункт 3 изложен в редакции Закона РК от 08.07.05 г. № 72-III (см. стар. ред.)

3) сведения о правах акционеров, включая объем прав, удостоверенных привилегированными акциями общества;

3-1) вопросы, в отношении которых установлено право вето владельца «золотой акции» (при ее наличии), а также фамилия, имя, отчество (при его наличии) владельца «золотой акции»;

4) [Исключен]

5) порядок образования и компетенцию органов общества;

6) порядок организации деятельности органов общества, включая:

порядок созыва, подготовки и проведения общего собрания акционеров и заседаний коллегиальных органов общества;

порядок принятия решений органами общества, в том числе перечень вопросов, решения по которым должны приниматься квалифицированным большинством голосов;

7) порядок предоставления акционерам общества информации о его деятельности с указанием наименования средств массовой информации, используемых для публикации информации о деятельности общества;

7-1) порядок предоставления акционерами и должностными лицами общества информации об их аффилиированных лицах;

8) в случае, если общество является некоммерческой организацией: указание на то, что общество является некоммерческой организацией, положения о процедуре голосования, невыплате дивидендов и другие требования, установленные настоящим Законом и иными законодательными актами Республики Казахстан;

9) the conditions for termination of the activity of the company;

10) other provisions in accordance with the present Law and other legislative acts of the Republic of Kazakhstan.

3. All interested persons shall have the right to familiarize themselves with the charter of the company. On demand of an interested person, the company must offer the opportunity to become familiar with the charter of the company, including subsequent changes and additions. Within the course of three working days the company must satisfy the demand of a shareholder to provide him a copy of the charter of the company. The company shall have the right to take payment for the provision of a copy of the charter to the shareholder, not exceeding the expenditures for the preparation of a copy and, when shipment is necessary, the expenditures for such shipment.

4. The company shall have the right to conduct its activity on the basis of a model company charter approved by the Government of the Republic of Kazakhstan

5. The mass media that may be used for publication of information on the activity of the company and requirements for it shall be established by a normative legal act of the authorized body.

Chapter 3. CHARTER CAPITAL OF THE COMPANY.

Article 10. Minimum Size of Charter Capital of the Company

The minimum size of charter capital of the company shall be 50,000 times the monthly accounting indicator established by the Law of the Republic of Kazakhstan on the Republic budget for the respective financial year.

The requirements for the minimum amount of charter capital of a company that are established by the first part of the present article shall not be applied to a company conducting its activity as an investment privatization fund.

Article 11. Charter Capital of a Company

1. The charter capital of a company shall be formed by payment for shares by the founders (or the sole founder) at their par value and by investors at the distribution price determined in accordance with the requirements established by the present Law and expressed in the national currency of the Republic of Kazakhstan.

The charter capital of a company created as the result of a reorganization shall be formed in accordance with the requirements established by the present Law.

9) условия прекращения деятельности общества;

10) иные положения в соответствии с настоящим Законом и иными законодательными актами Республики Казахстан.

3. Все заинтересованные лица вправе ознакомиться с уставом общества. По требованию заинтересованного лица общество обязано предоставить ему возможность ознакомиться с уставом общества, включая последующие изменения и дополнения к нему. В течение трех рабочих дней общество обязано исполнить требование акционера о предоставлении ему копии устава общества. Общество вправе взимать за предоставление копии устава акционеру плату, которая не должна превышать расходы на изготовление копии, а также при необходимости ее доставки - расходы на ее доставку.

4. Общество вправе осуществлять свою деятельность на основании типового устава общества, утверждаемого Правительством Республики Казахстан.

5. Средства массовой информации, которые могут быть использованы для публикации информации о деятельности общества, и требования к ним устанавливаются нормативным правовым актом уполномоченного органа.

Глава 3. Уставный капитал общества

Статья 10. Минимальный размер уставного капитала общества
Минимальный размер уставного капитала общества составляет 50 000-кратный размер месячного расчетного показателя, установленного законом Республики Казахстан о республиканском бюджете на соответствующий финансовый год.

Требования по минимальному размеру уставного капитала общества, установленные частью первой настоящей статьи, не применяются к обществу, осуществлявшему свою деятельность в качестве инвестиционного приватизационного фонда.

Статья 11. Уставный капитал общества
1. Уставный капитал общества формируется посредством оплаты акций учредителями (единственным учредителем) по их номинальной стоимости и инвесторами по ценам размещения, определяемым в соответствии с требованиями, установленными настоящим Законом, и выражается в национальной валюте Республики Казахстан.

Уставный капитал общества, созданного в результате реорганизации, формируется в соответствии с требованиями, установленными настоящим Законом.

2. The amount of preliminary payment for shares to be made by the founders must be not less than the minimum amount of the charter capital of the company and shall be fully paid by the founders within thirty days from the date of state registration of the company as a legal person.

3. An increase in the charter capital of the company shall be made by distribution of declared shares of the company.

Chapter 4. SHARES AND OTHER SECURITIES OF THE COMPANY

Article 12. General Provisions on Securities of the Company

1. A company shall have the right to issue common shares or both common and preferred shares. Shares shall be issued in undocumented form.

2. Non-commercial organizations created in the organizational-legal form of a joint-stock company shall not have the right to issue preferred shares.

3. Shares are indivisible. If a share belongs by right of common ownership to several people, all of them shall considered one shareholder and shall enjoy the rights evidenced by the share through their common representative.

4. A share of one type shall provide each shareholder holding it with a scope of rights identical with the other holders of shares of the given type, unless otherwise provided by the present Law.

5. Legislative acts of the Republic of Kazakhstan may establish limitations on:

1) conducting transactions with shares of the company;

2) the maximum number of shares of a company belonging to one shareholder;

3) the maximum number of votes on shares of the company provided to one shareholder.

6. The company shall have the right to issue other securities, the conditions and manner for issuance, disposition, circulation, and cancellation of which shall be established by the legislation of the Republic of Kazakhstan on the securities market.

Article 13. Types of Shares

1. A common share grants the shareholder the right to participate in the general meeting of shareholders with the right of a vote in the decision of all matters presented for voting, the right to receipt of dividends if the company has net income, and the right to part of the property of the company in case of its liquidation in the manner established by the legislation of the Republic of Kazakhstan.

2. Размер предварительной оплаты акций, вносимой учредителями, должен быть не менее минимального размера уставного капитала общества и полностью оплачен учредителями в течение тридцати дней с даты государственной регистрации общества как юридического лица.

3. Увеличение уставного капитала общества осуществляется посредством размещения объявленных акций общества.

Глава 4. Акции и другие ценные бумаги общества

Статья 12. Общие положения о ценных бумагах общества

1. Общество вправе выпускать простые акции либо простые и привилегированные акции. Акции выпускаются в бездокументарной форме.

2. Некоммерческие организации, созданные в организационно-правовой форме акционерного общества, не вправе выпускать привилегированные акции.

3. Акция не делима. Если акция принадлежит на праве общей собственности нескольким лицам, все они признаются одним акционером и пользуются правами, удостоверенными акцией, через своего общего представителя.

4. Акция одного вида предоставляет каждому акционеру, владеющему ею, одинаковый с другими владельцами акций данного вида объем прав, если иное не установлено настоящим Законом.

5. Законодательными актами Республики Казахстан могут быть установлены ограничения на:

1) совершение сделок с акциями общества;

2) максимальное количество акций общества, принадлежащих одному акционеру;

3) максимальное количество голосов по акциям общества, предоставляемых одному акционеру.

6. Общество вправе выпускать другие ценные бумаги, условия и порядок выпуска, размещения, обращения и погашения которых устанавливаются законодательством Республики Казахстан о рынке ценных бумаг.

Статья 13. Виды акций

1. Простая акция предоставляет акционеру право на участие в общем собрании акционеров с правом голоса при решении всех вопросов, выносимых на голосование, право на получение дивидендов при наличии у общества чистого дохода, а также части имущества общества при его ликвидации в порядке, установленном законодательством Республики Казахстан.

2. Shareholders that are owners of preferred shares have the a priority right before other shareholders that are owners of common shares for the receipt of dividends in a previously defined guaranteed amount established by the charter of the company and to part of the property in case of liquidation of the company in the manner established by the present Law.

During the distribution period, the number of preferred shares of the company may not exceed twenty-five percent of the total number of its declared shares.

3. A preferred share does not grant a shareholder the right to participation in the management of the company with the exception of the cases established by Paragraph 4 of the present Article.

4. A preferred share grants the shareholder the right to participate in the management of the company if:

1) the general meeting of shareholders of the company is considering a matter, the decision on which may limit the rights of a shareholder holding preferred shares. A decision on such a matter shall be considered only on the condition that not less than two-thirds of the total number of distributed preferred shares (less shares bought up by the company) has voted for the limitation.

Matters, the adoption of decisions on which may limit the rights of a shareholder holding preferred shares include matters of:

reducing the size or changing the manner of calculation of the size of dividends paid on preferred shares;

change of the manner of payment of dividends on preferred shares;

exchange of preferred shares for common shares of the company;

1-1) The general meeting of shareholders is considering the question of approval of the method (or of approving the method if it was not approved by the founding meeting) of determining the price of preferred shares in case of their buyout by the company on an unorganized market in accordance with the present Law;

2) the general meeting of the shareholders of the company is considering the matter of reorganization or liquidation of the company;

3) a dividend on the preferred share has not been paid in full in the course of three months from the day of expiration of the time period established for its payment.

4-1. In the case provided by subparagraph (3) of Paragraph 4 of the present Article, the right of a shareholder that is the owner of preferred shares to participation in the management of the company shall be terminated from the day of payment in full of the dividend on the preferred shares belonging to him.

2. Акционеры - собственники привилегированных акций имеют преимущественное право перед акционерами - собственниками простых акций на получение дивидендов в заранее определенном гарантированном размере, установленном уставом общества, и на часть имущества при ликвидации общества в порядке, установленном настоящим Законом.

В период размещения количество привилегированных акций общества не должно превышать двадцать пять процентов от общего количества его размещенных акций.

3. Привилегированная акция не предоставляет акционеру права на участие в управлении обществом, за исключением случаев, установленных пунктом 4 настоящей статьи.

4. Привилегированная акция предоставляет акционеру право на участие в управлении обществом, если:

1) общее собрание акционеров общества рассматривает вопрос, решение по которому может ограничить права акционера, владеющего привилегированными акциями. Решение по такому вопросу считается принятым только при условии, что за ограничение проголосовали не менее чем две трети от общего количества размещенных (за вычетом выкупленных) привилегированных акций.

К вопросам, принятие решения по которым может ограничить права акционера, владеющего привилегированными акциями, относятся вопросы о (об):

уменьшении размера либо изменении порядка расчета размера дивидендов, выплачиваемых по привилегированным акциям;

изменении порядка выплаты дивидендов по привилегированным акциям;

обмене привилегированных акций на простые акции общества;

1-1) общее собрание акционеров общества рассматривает вопрос об утверждении изменений в методику (утверждение методики, если она не была утверждена учредительным собранием) определения стоимости привилегированных акций при их выкупе обществом на неорганизованном рынке в соответствии с настоящим Законом;

2) общее собрание акционеров общества рассматривает вопрос о реорганизации либо ликвидации общества;

3) дивиденд по привилегированной акции не выплачен в полном размере в течение трех месяцев со дня истечения срока, установленного для его выплаты.

4-1. В случае, предусмотренном подпунктом 3) пункта 4 настоящей статьи, право акционера — собственника привилегированных акций на участие в управлении обществом прекращается со дня выплаты в полном размере дивиденда по принадлежащим ему привилегированным акциям.

5. The founding meeting (or a decision of the sole founder) or the general meeting of shareholders may introduce one "golden share" not participating in the formation of the charter capital nor the receipt of dividends. The holder of the "golden share" shall have the right of veto of decisions of the general meeting of shareholders, the board of directors, and the executive body on matters determined by the charter of the company. The right of imposing the veto evidenced by the "golden share" is non-transferable.

Article 14. Rights of Shareholders of the Company
1. A shareholder of the company shall have the right:
1) to participate in the management of the company in the manner, provided by the present Law and the charter of the company;
2) to receive dividends;
3) to receive information on the activity of the company, including familiarization with the financial reporting of the company in the manner determined the general meeting of shareholders or the charter of the company;
4) to receive extracts from the registrar of the company or a nominal holder confirming his right of ownership to securities;
5) to propose to the general meeting of shareholders of the company candidates for election to the board of directors of the company;
6) to dispute by judicial procedure decisions taken by the bodies of the company;
7) in case of holding individually or in totality with other shareholders of five or more percent of voting shares of the company, to apply to court in one's own name in the cases provided by Articles 63 and 74 of the present Law, with a demand for compensation to the company by the officers of the company of damages caused to the company and return to the company by officers of the company and/or their affiliated persons of the profit (or income) received by them as the result of adoption of decisions on the conclusion (or of a proposal for conclusion) of major transactions and/or transaction in which there is an interest;
8) to address inquiries the company with written on its activity and to receive reasoned replies within thirty calendar days from the date of receipt of the inquiry by the company;
9) to part of the property in case of liquidation of the company;
10) tithe priority purchase of shares and/or other securities of the company convertible into its shares in the manner established by the present Law, with the exception of cases provided by legislative acts.

5. Учредительным собранием (решением единственного учредителя) или общим собранием акционеров может быть введена одна «золотая акция», не участвующая в формировании уставного капитала и получении дивидендов. Владелец «золотой акции» обладает правом вето на решения общего собрания акционеров, совета директоров и исполнительного органа по вопросам, определенным уставом общества. Право наложения вето, удостоверенное «золотой акцией», передаче не подлежит.

Статья 14. Права акционеров общества

1. Акционер общества имеет право:

1) участвовать в управлении обществом в порядке, предусмотренном настоящим Законом и (или) уставом общества;

2) получать дивиденды;

3) получать информацию о деятельности общества, в том числе знакомиться с финансовой отчетностью общества, в порядке, определенном общим собранием акционеров или уставом общества;

4) получать выписки от регистратора общества или номинального держателя, подтверждающие его право собственности на ценные бумаги;

5) предлагать общему собранию акционеров общества кандидатуры для избрания в совет директоров общества;

6) оспаривать в судебном порядке принятые органами общества решения;

7) при владении самостоятельно или в совокупности с другими акционерами пятью и более процентами голосующих акций общества обращаться в судебные органы от своего имени в случаях, предусмотренных статьями 63 и 74 настоящего Закона, с требованием о возмещении обществу должностными лицами общества убытков, причиненных обществу, и возврате обществу должностными лицами общества и (или) их аффилированными лицами прибыли (дохода), полученной ими в результате принятия решений о заключении (предложения к заключению) крупных сделок и (или) сделок, в совершении которых имеется заинтересованность;

8) обращаться в общество с письменными запросами о его деятельности и получать мотивированные ответы в течение тридцати календарных дней с даты поступления запроса в общество;

9) на часть имущества при ликвидации общества;

10) преимущественной покупки акций или других ценных бумаг общества, конвертируемых в его акции, в порядке, установленном настоящим Законом, за исключением случаев, предусмотренных законодательными актами Республики Казахстан.

2. A major shareholder shall also have the right:

1) to demand the calling of an extraordinary general meeting of shareholders or to apply to court with a suit for its calling in case of refusal by the board of directors to call a general meeting of shareholders;

2) to propose to the board of directors the inclusion of supplementary matters on the agenda for the general meeting of shareholders in accordance with the present Law;

3) to demand the calling of a session of the board of directors;

4) to demand an audit of the company by an auditing organization at his own expense.

3. It is not allowed to limit the rights of shareholders established by Paragraphs 1 and 2 of the present article.

Beside the rights of shareholders established by Paragraph 1 of the present article, the charter of the company may provide for other rights of shareholders.

Article 15. Duties of Shareholders of the Company

1. A shareholder of the company has the duty:

1) to pay for the shares;

2) within ten days to inform the registrar of the company and the nominal holder of shares belonging to the given shareholder about a change in the information necessary for the conduct of the system of registers of the holders of the shares of the company;

3) not to disclose information on the company or its activity constituting service, commercial or other secrets protected by law;

4) to perform other obligation in accordance with the present Law and other legislative acts of the Republic of Kazakhstan.

2. The company and the registrar of the company shall not bear responsibility for the consequences of nonperformance by the shareholder of the requirement established by subparagraph (2) of Paragraph 1 of the present article.

Article 16. The Right of Priority Purchase of Securities of the Company

1. A company having the intention to distribute declared shares or other securities convertible to common shares of the company or to sell previously bought up shares shall have the duty in the course of ten calendar days from the date of adoption of a decision on this to offer to its shareholders by way of a written notice or a publication in mass media that they obtain the securities on equal conditions in proportion to the number of shares they have at the price of distribution (or sale) established by the body of the company that adopted the decision to distribute (or sell) the securities. A shareholder, in the course of thirty calendar days from the date of notification about the distribution (or sale) by the company of shares shall have the right to submit a notice of the obtaining of shares or other securities convertible into shares of the company in accordance with the right of priority purchase.

2. Крупный акционер также имеет право:

1) требовать созыва внеочередного общего собрания акционеров или обращаться в суд с иском о его созыве в случае отказа совета директоров в созыве общего собрания акционеров;

2) предлагать совету директоров включение дополнительных вопросов в повестку дня общего собрания акционеров в соответствии с настоящим Законом;

3) требовать созыва заседания совета директоров;

4) требовать проведения аудиторской организацией аудита общества за свой счет.

3. Не допускаются ограничения прав акционеров, установленных пунктами 1 и 2 настоящей статьи.

Помимо прав акционеров, предусмотренных пунктом 1 настоящей статьи, уставом общества могут быть предусмотрены дополнительные права акционеров.

Статья 15. Обязанности акционеров общества

1. Акционер общества обязан:

1) оплатить акции;

2) в течение десяти дней извещать регистратора общества и номинального держателя акций, принадлежащих данному акционеру, об изменении сведений, необходимых для ведения системы реестров держателей акций общества;

3) не разглашать информацию об обществе или его деятельности, составляющую служебную, коммерческую или иную охраняемую законом тайну;

4) исполнять иные обязанности в соответствии с настоящим Законом и иными законодательными актами Республики Казахстан.

2. Общество и регистратор общества не несут ответственности за последствия неисполнения акционером требования, установленного подпунктом 2) пункта 1 настоящей статьи.

Статья 16. Право преимущественной покупки ценных бумаг общества

1. Общество, имеющее намерение разместить объявленные акции или другие ценные бумаги, конвертируемые в простые акции общества, а также реализовать ранее выкупленные указанные ценные бумаги, обязано в течение десяти календарных дней с даты принятия решения об этом предложить своим акционерам посредством письменного уведомления или публикации в средствах массовой информации приобрести ценные бумаги на равных условиях пропорционально количеству имеющихся у них акций по цене размещения (реализации), установленной органом общества, принявшим решение о размещении (реализации) ценных бумаг. Акционер в течение тридцати календарных дней с даты оповещения о размещении (реализации) обществом акций вправе подать заявку на приобретение акций либо иных ценных бумаг, конвертируемых в акции общества, в соответствии с правом преимущественной покупки.

In such case, a shareholder holding common shares of the company shall have the right of priority purchase of common shares or other securities convertible to common shares, while a shareholder holding preferred shares shall have the right of priority purchase of preferred shares of the company.

Payment for stock or other securities convertible into common stock of the company obtained by right of first refusal shall be exercised by a shareholder within thirty days from the date of submission of an application to obtain them. The charter of the company may provide a different time period for payment for the shares, which must not exceed 90 calendar days from the date of the start of distribution of shares.

2. A financial organization having the intention to distribute declared shares or to sell previously bought-up shares for the purpose of meeting prudential and other norms and limits established by the legislation of the Republic of Kazakhstan must, on demand of the authorized body, within five working days from the date of adoption of a decision on placement of shares propose to its shareholders by written notice or publication in mass media of to obtain securities on equal conditions in proportion to the number of shares held at the distribution (or sale price) established by the body of the company that took the decision to distribute (or sell) securities. A shareholder within five working days from the date of notification on distribution (or sale) by the company of shares shall have the right to submit an application to obtain shares or other securities convertible into shares of the company in accordance with the right of first refusal.

Payment for shares of a financial organization obtained by right of first refusal shall be made by the shareholder within five working days from the date of submission of an application to obtain them. In case of non-payment for shares or for other securities convertible into common shares of the company, the application shall be considered invalid.

3, The requirements for the time periods of payment of shares or other securities convertible into common shares of the company to be obtained by the right of first refusal established by Paragraphs 1 and 2 of the present Article shall not apply to cases of obtaining shares by the state body authorized by the Republic of Kazakhstan for the disposition of Republic state ownership.

Payment for share or for other securities convertible into common shares of the company to be obtained by the right of first approval by the state body authorized by the Government of the Republic of Kazakhstan for the disposition of state ownership shall be made in the course of 12 months from the date of submission of an application to obtain them.

4. In case of nonpayment for shares or for other securities convertible securities, then upon expiration of the time period established by Paragraphs 1, 2, and 3 of the present Article, the application shall be considered invalid.

При этом акционер, владеющий простыми акциями общества, имеет право преимущественной покупки простых акций или других ценных бумаг, конвертируемых в простые акции общества, а акционер, владеющий привилегированными акциями общества, имеет право преимущественной покупки привилегированных акций общества.

Оплата акций или других ценных бумаг, конвертируемых в простые акции общества, приобретаемых по праву преимущественной покупки, осуществляется акционером в течение тридцати календарных дней с даты подачи заявки на их приобретение. Уставом общества может быть предусмотрен иной срок оплаты акций, который не должен превышать девяноста календарных дней с даты начала размещения акций.

2. Финансовая организация, имеющая намерение разместить объявленные акции, а также реализовать ранее выкупленные акции в целях исполнения пруденциальных и иных, установленных законодательством Республики Казахстан, норм и лимитов, по требованию уполномоченного органа обязана в течение пяти рабочих дней с даты принятия решения о размещении акций предложить своим акционерам посредством письменного уведомления или публикации в средствах массовой информации приобрести ценные бумаги на равных условиях пропорционально количеству имеющихся у них акций по цене размещения (реализации), установленной органом общества, принявшим решение о размещении (реализации) ценных бумаг. Акционер в течение пяти рабочих дней с даты оповещения о размещении (реализации) обществом акций вправе подать заявку на приобретение акций либо иных ценных бумаг, конвертируемых в акции общества, в соответствии с правом преимущественной покупки.

Оплата акций финансовой организации, приобретаемых по праву преимущественной покупки, осуществляется акционером в течение пяти рабочих дней с даты подачи заявки на их приобретение. В случае неоплаты акций или других ценных бумаг, конвертируемых в простые акции общества, по истечении указанного срока заявка считается недействительной.

3. Требования по срокам оплаты акций или других ценных бумаг, конвертируемых в простые акции общества, приобретаемых по праву преимущественной покупки, установленные пунктами 1 и 2 настоящей статьи, не распространяются на случаи приобретения акций государственным органом, уполномоченным Правительством Республики Казахстан на распоряжение республиканской государственной собственностью.

Оплата акций или других ценных бумаг, конвертируемых в простые акции общества, приобретаемых по праву преимущественной покупки государственным органом, уполномоченным Правительством Республики Казахстан на распоряжение республиканской государственной собственностью, осуществляется в течение двенадцати месяцев с даты подачи заявки на их приобретение.

4. В случае неоплаты акций или других ценных бумаг, конвертируемых в простые акции общества, по истечении срока, установленного пунктами 1, 2 и 3 настоящей статьи, заявка считается недействительной.

5. The manner of implementation of the rights of shareholders of a company to priority purchase of securities shall be established by the authorized body.

6. The right of first refusal shall not be granted to shareholders of the company in case of distribution (or sale) of shares of the company in case of accession to it of another company in the manner provided by Article 83 of the present Law.

Article 17. [repealed]

Article 18. Distribution of Shares of the Company

1. The company shall have the right to distribute its shares after the state registration of their issuance by one or more distributions within the limits of the declared number of shares.

A decision on distribution of shares of the company within the limits of the number of its declared shares shall be taken by the board of directors of the company, except when the charter of the company allocates this matter to the competence of the general meeting of shareholders.

Distribution of shares shall be done by subscription or auction conducted on the unorganized securities market or by subscription or auction conducted on the organized securities market.

Distribution of shares shall be done by exercise by shareholders of the right of first refusal of shares or of other securities convertible into common shares of the company, by subscription or auction conducted on the unorganized securities market or by subscription or auction conducted on the organized securities market, or by conversion of securities and/or monetary obligations of the company into shares of the company in cases provided by the present Law and by other legislative acts of the Republic of Kazakhstan.

2. In case of alienation by a shareholder of a share or other security convertible into common shares of the company during the thirty calendar days granted to him for submission of a notice of obtaining shares or other securities convertible into common shares of the company in accordance with the right of priority purchase, the given right shall pass to the new owner of shares of the company in case the former owner did not submit such a notice.

3. The price of a distribution of shares established for the given distribution by the body of the company that adopted the decision on the distribution of shares shall be the lowest price at which these shares may be sold.

Shareholders shall obtain shares with the right of priority purchase at a uniform minimum price of distribution of the given shares established by the body of the company that adopted the decision on distribution.

5. Порядок реализации права акционеров общества на преимущественную покупку ценных бумаг устанавливается уполномоченным органом.

6. Право преимущественной покупки не предоставляется акционерам общества при размещении (реализации) акций общества при присоединении к нему другого общества в порядке, предусмотренном статьей 83 настоящего Закона.

Статья 17. [Исключена]

Статья 18. Размещение акций общества

1. Общество вправе размещать свои акции после государственной регистрации их выпуска посредством одного или нескольких размещений в пределах объявленного количества акций.

Решение о размещении акций общества в пределах количества его объявленных акций принимается советом директоров общества, за исключением случая, когда уставом общества данный вопрос отнесен к компетенции общего собрания акционеров.

Размещение акций осуществляется посредством реализации акционерами права преимущественной покупки акций или других ценных бумаг, конвертируемых в простые акции общества, подписки или аукциона, проводимых на неорганизованном рынке ценных бумаг, либо подписки или аукциона, проводимых на организованном рынке ценных бумаг, а также посредством конвертирования ценных бумаг и (или) денежных обязательств общества в акции общества в случаях, предусмотренных настоящим Законом и иными законодательными актами Республики Казахстан.

2. При отчуждении акционером акции или другой ценной бумаги, конвертируемой в простые акции общества, в течение тридцати календарных дней, предоставленных ему для подачи заявки на приобретение акции или другой ценной бумаги, конвертируемой в простые акции общества, в соответствии с правом преимущественной покупки данное право переходит к новому собственнику акции или другой ценной бумаги, конвертируемой в простые акции общества, в случае, если прежний собственник не подал такой заявки.

3. Цена размещения акций, установленная для данного размещения органом общества, принявшим решение о размещении акций, является наименьшей ценой, по которой данные акции могут быть проданы.

Акционеры приобретают акции в соответствии с правом преимущественной покупки по единой наименьшей цене размещения данных акций, установленной органом общества, принявшим решение о размещении.

Shares of the company shall be subject to sale at a uniform price for all persons who have obtained shares by means of subscription within the limits of the given distribution.

4. In the case of adoption by an authorized body of the company of a decision on changing the terms of a previously adopted decision on distributing declared shares by increasing the number of distributed shares and/or reducing the price at which they are offered to shareholders within the course of the exercise of the right of first refusal, the company shall again provide the shareholders with the right of first refusal of the given shares.

Article 19. The System of Registers of Holders of Shares of the Company

1. Conduct of the system of registers of holders of shares of the company may be done only by the registrar of the company, which must not be an affiliated person of the company nor of its affiliated persons.

2. The manner of conduct of the system of registers of holders of shares of the company and also the granting to the authorized body of information on it shall be determined by legislation of the Republic of Kazakhstan on the securities market.

3. The company shall have the duty to conclude with the registrar of the company a contract on provision of services for conducting a system of registers of holders of shares of the company before the presentation to the authorized body of documents for the purpose of state registration of the issuance of shares of the company.

4. Until full payment for a distributed share, the company shall not have the right to give an order for the recording of this share on the personal account of its recipient in the system of registers of holders of shares of the company (or in the system of record-keeping of the nominal holder).

Article 20. Report on the Results of Distribution of Shares of the Company

1. The company shall have the duty to provide the authorized body with:

reports on the results of distribution of its shares on the results of six months (in the course of one month from the end of the reporting half-year) until the full distribution of declared shares of the company or after completion of their full distribution;.

changes and additions to reports on the results of placement of its shares in case of exchange of distributed shares of the company of one type for shares of the given company of another type within one month after the completion of the procedure for exchange of shares.

2. The content and manner of the provision of the report on the results of distribution of shares and any changes or additions to it, and also the manner of approval this report shall be established by the authorized body.

Акции общества подлежат продаже по единой цене для всех лиц, приобретающих акции посредством подписки, в пределах данного размещения.

4. В случае принятия уполномоченным органом общества решения об изменении условий ранее принятого решения о размещении объявленных акций путем увеличения количества размещаемых акций и (или) уменьшения цены, по которой они предлагались акционерам в рамках реализации права преимущественной покупки, общество повторно предоставляет акционерам право преимущественной покупки данных акций.

Статья 19. Система реестров держателей акций общества

1. Ведение системы реестров держателей акций общества может осуществлять только регистратор общества, который не должен являться аффилиированным лицом общества и его аффилиированных лиц.

2. Порядок ведения системы реестров держателей акций общества, а также предоставления уполномоченному органу информации по нему определяется законодательством Республики Казахстан о рынке ценных бумаг.

3. Общество обязано заключить с регистратором общества договор об оказании услуг по ведению системы реестров держателей акций общества до представления уполномоченному органу документов в целях государственной регистрации выпуска акций общества.

4. До полной оплаты размещаемой акции общество не вправе давать приказ о зачислении данной акции на лицевой счет ее приобретателя в системе реестров держателей акций общества (системе учета номинального держателя).

Статья 20. Отчет об итогах размещения акций общества

1. Общество обязано представлять уполномоченному органу:

отчеты об итогах размещения своих акций по итогам каждых шести месяцев (в течение одного месяца по окончании отчетного полугодия) до полного размещения объявленных акций общества либо после завершения их полного размещения;

изменения и дополнения в отчеты об итогах размещения своих акций в случае обмена размещенных акций общества одного вида на акции данного общества другого вида в течение одного месяца после завершения процедуры обмена акций.

2. Содержание и порядок представления отчета об итогах размещения акций и изменений и дополнений в него, а также порядок рассмотрения и утверждения данного отчета устанавливаются уполномоченным органом.

Article 21. Payment for Distributed Shares of the Company

1. Payment for distributed shares of the company may be made in money, property rights (including objects of intellectual property) with the exception of cases provided by the present Law and other legislative acts of the Republic of Kazakhstan.

Payment by property other than money or securities, shall be made at a price determined by an appraiser acting on the basis of a license issued in accordance with the legislation of the Republic of Kazakhstan.

Evaluation of the value of securities sold on a stock exchange and transferred in payment of distributed shares of the company shall be made in accordance with the stock exchange's methods of valuation of financial instruments. In case of the impossibility of the evaluation of such securities under this methodology or of the absence of a methodology with respect to the type of securities tendered in payment for shares the evaluation of their value shall be done by an appraiser acting on the basis of a license issued in accordance with the legislation of the Republic of Kazakhstan.2. If payment for distributed shares of the company is made in the form of the right of use of property, the valuation of this right shall be made on the basis of the amount of payment for the use of this property for the whole term of its use by the company.

Until the expiration of this period, the withdrawal of this property without the consent of the general meeting of shareholders of the company shall be forbidden.

3. The company is forbidden during the placement of shares:

1) to obtain shares to be placed;

2) conclude contracts or obtain derivative securities) on terms that (or terms of issuance of which that provide the right or duty of the issuer to buy up distributed shares of the issuer.

Article 22. Dividends on Shares of the Company

1. Dividends on the shares of the company shall be paid in money or securities of the company on the condition that a decision on payment of dividends has been adopted by a general meeting of the shareholders by a simple majority of the voting shares of the company, with the exception of dividends on preferred shares.

Payment of dividends on preferred shares with securities of the company is not permitted..

Payment of dividends on the shares of the company with the company's securities shall be allowed only on the condition that such payment be conducted with declared shares of the company or bonds issued by it on the condition of the written agreement of the shareholder.

44

Статья 21. Оплата размещаемых акций общества

1. В оплату размещаемых акций общества могут быть внесены деньги, имущественные права (в том числе права на объекты интеллектуальной собственности) и иное имущество, за исключением случаев, предусмотренных настоящим Законом и иными законодательными актами Республики Казахстан.

Оплата иным, помимо денег, имуществом (за исключением ценных бумаг) осуществляется по цене, определяемой оценщиком, действующим на основании лицензии, выданной в соответствии с законодательством Республики Казахстан.

Оценка стоимости ценных бумаг, обращающихся на фондовой бирже и передаваемых в оплату размещаемых акций общества, производится в соответствии с методикой оценки финансовых инструментов фондовой биржи. В случае невозможности оценки таких ценных бумаг по указанной методике либо отсутствия методики в отношении вида ценных бумаг, вносимых в оплату акций, оценка их стоимости производится оценщиком, действующим на основании лицензии, выданной в соответствии с законодательством Республики Казахстан.

2. Если в оплату размещаемых акций общества вносится право пользования имуществом, оценка такого права производится исходя из размера платы за пользование этим имуществом за весь срок его пользования обществом.

До истечения указанного срока изъятие такого имущества без согласия общего собрания акционеров общества запрещается.

3. Обществу запрещается при размещении акций:

1) приобретать размещаемые акции;

2) заключать договоры (приобретать производную ценную бумагу), условиями которых (условиями выпуска которой) предусматривается право или обязанность эмитента выкупить размещенные акции эмитента.

Статья 22. Дивиденды по акциям общества

1. Дивиденды по акциям общества выплачиваются деньгами или ценными бумагами общества при условии, что решение о выплате дивидендов было принято на общем собрании акционеров простым большинством голосующих акций общества, за исключением дивидендов по привилегированным акциям.

Выплата дивидендов ценными бумагами по привилегированным акциям общества не допускается.

Выплата дивидендов по акциям общества его ценными бумагами допускается только при условии, что такая выплата осуществляется объявленными акциями общества и выпущенными им облигациями при наличии письменного согласия акционера.

The list of shareholders having the right to receipt of dividends must be compiled on a date preceding the date of the start of payment of dividends.

Alienation of a share with unpaid dividends shall be made with the right to their receipt by the new owner of the share, unless otherwise provided by the contract on alienation of the shares.

2. The periodicity of payment of dividends on shares of the company must be determined by the charter of the company and/or the prospectus for issuance of shares.

3. Payment of dividends on shares of the company may be made through a payment agent. Payment for services of a payment agent shall be made at the expense of the company.

4. Dividends shall not be calculated and shall not be paid on shares that were not distributed or were bought up by the company itself nor when a court or the general meeting of shareholders of the company adopted a decision on its liquidation.

5. Allocation of dividends to common and preferred shares of the company shall not be allowed

1) in case of a negative amount of own capital or if the amount of own capital would become negative as the result of payment of dividends on its shares;

2) if the company meets the indicators of inability to pay or insolvency in accordance with the legislation of the Republic of Kazakhstan on bankruptcy or these indicators would appear for the company as the result of allocation of dividends on its shares;

3) [repealed]

6. A shareholder shall have the right to demand payment of dividends not received, regardless of the time of formation of the indebtedness of the company.

In case of non-payment of dividends within the time period established for their payment, the shareholder shall be paid the basic amount of dividends and late fees established on the basis of the official rates of refinancing by the National Bank of the Republic of Kazakhstan on the day of performance of a monetary obligation or its respective part.

7. Non-commercial organizations created in the organizational-legal form of a joint-stock company shall not calculate and shall not pay dividends on their shares.

Article 23. Dividends on Common Shares

1. Payment of dividends on common shares of the company on the results of a quarter or half-year shall be made only by decision of the general meeting of the shareholders in the event that such payment is provided by the charter of the company. In a decision of the general meeting on the payment of dividends on common shares on the results of a quarter or half-year there shall be indicated the amount of dividend for one common share.

Список акционеров, имеющих право получения дивидендов, должен быть составлен на дату, предшествующую дате начала выплаты дивидендов.

Отчуждение акции с невыплаченными дивидендами осуществляется с правом на их получение новым собственником акции, если иное не предусмотрено договором об отчуждении акций.

2. Периодичность выплаты дивидендов по акциям общества определяется уставом общества и (или) проспектом выпуска акций.

3. Выплата дивидендов по акциям общества может производиться через платежного агента. Оплата услуг платежного агента производится за счет общества.

4. Дивиденды не начисляются и не выплачиваются по акциям, которые не были размещены или были выкуплены самим обществом, а также если судом или общим собранием акционеров общества принято решение о его ликвидации.

5. Не допускается начисление дивидендов по простым и привилегированным акциям общества:

1) при отрицательном размере собственного капитала или если размер собственного капитала общества станет отрицательным в результате начисления дивидендов по его акциям;

2) если общество отвечает признакам неплатежеспособности или несостоятельности в соответствии с законодательством Республики Казахстан о банкротстве либо указанные признаки появятся у общества в результате начисления дивидендов по его акциям;

3) [Исключен]

6. Акционер вправе требовать выплаты неполученных дивидендов независимо от срока образования задолженности общества.

В случае невыплаты дивидендов в срок, установленный для их выплаты, акционеру выплачиваются основная сумма дивидендов и пеня, исчисляемая исходя из официальной ставки рефинансирования Национального Банка Республики Казахстан на день исполнения денежного обязательства или его соответствующей части.

7. Некоммерческие организации, созданные в организационно-правовой форме акционерного общества, не начисляют и не выплачивают дивиденды по своим акциям.

Статья 23. Дивиденды по простым акциям

1. Выплата дивидендов по простым акциям общества по итогам квартала или полугодия осуществляется только по решению общего собрания акционеров в случае, если такая выплата предусмотрена уставом общества. В решении общего собрания о выплате дивидендов по простым акциям по итогам квартала или полугодия указывается размер дивиденда на одну простую акцию.

A decision on payment of dividends on common shares of the company on the results of the year shall be adopted by the annual general meeting of shareholders.

The general meeting of shareholders of the company shall have the right to adopt a decision on non-payment of dividends on common shares of the company, with the obligatory publication of the decision in mass media within the course of ten working days from the date of adoption of the decision.

2. In the course of ten working days from the date of adoption of a decision on payment of dividends on common shares the decision must be published in mass media. In addition, public companies must publish this decision on its corporate website.

3. A decision on payment of dividends on common shares of the company must contain the following information:

1) the designation, place of location, and the bank and other details of the company;

2) the period for which dividends are paid;

3) the amount of the dividend per one common share;

4) the date of the start of payment of dividends;

5) the method and form of payment of dividends.

Article 24. Dividends on Preferred Shares

1 . Payment of dividends on preferred shares of the company does not require a decision of a body of the company.

The periodicity of payment of dividends and the amount of a dividend for one preferred share shall be established by the charter of the company. The size of dividends allocated to preferred shares may not be less than the size of dividends allotted to common shares for this period.

Until full payment of dividends on preferred shares of the company, payment of dividends on its common shares shall not be made.

2. The guaranteed size of the dividend on preferred shares may be established as either a fixed amount or as an amount tied to some indicator on the condition of the regularity and general accessibility to the values of the indicator.

3. In the course of five working days before the occurrence of the time for payment of dividends on preferred shares, the company shall have the duty to publish in the mass media about the payment of dividends with an indication of the information listed in subparagraphs (1), (2), (4), and (5) of Paragraph 3 of Article 23 of the present Law and also the size of dividend on one preferred share of the company.

Решение о выплате дивидендов по простым акциям общества по итогам года принимается годовым общим собранием акционеров.

Общее собрание акционеров общества вправе принять решение о невыплате дивидендов по простым акциям общества с обязательным опубликованием его в средствах массовой информации в течение десяти рабочих дней со дня принятия решения.

2. В течение десяти рабочих дней со дня принятия решения о выплате дивидендов по простым акциям общества это решение должно быть опубликовано в средствах массовой информации. При этом публичные компании должны опубликовать данное решение также на своем корпоративном веб-сайте.

3. Решение о выплате дивидендов по простым акциям общества должно содержать следующие сведения:

1) наименование, место нахождения, банковские и иные реквизиты общества;

2) период, за который выплачиваются дивиденды;

3) размер дивиденда в расчете на одну простую акцию;

4) дату начала выплаты дивидендов;

5) порядок и форму выплаты дивидендов.

Статья 24. Дивиденды по привилегированным акциям

1. Выплата дивидендов по привилегированным акциям общества не требует решения органа общества.

Периодичность выплаты дивидендов и размер дивиденда на одну привилегированную акцию устанавливаются уставом общества. Размер дивидендов, начисляемых по привилегированным акциям, не может быть меньше размера дивидендов, начисляемых по простым акциям за этот же период.

До полной выплаты дивидендов по привилегированным акциям общества выплата дивидендов по его простым акциям не производится.

2. Гарантированный размер дивиденда по привилегированной акции может быть установлен как в фиксированном выражении, так и с индексированием относительно какого-либо показателя при условии регулярности и общедоступности его значений.

3. В течение пяти рабочих дней перед наступлением срока выплаты дивидендов по привилегированным акциям общество обязано опубликовать в средствах массовой информации информацию о выплате дивидендов с указанием сведений, перечисленных в подпунктах 1), 2), 4), 5) пункта 3 статьи 23 настоящего Закона, а также размере дивиденда в расчете на одну привилегированную акцию общества.

Article 25. Making Transactions with Shares of the Company

1. A person that independently or jointly with its affiliated persons has the intention to obtain, on the secondary securities market of thirty or more percent of voting shares of the company or some other quantity of voting shares as the result of obtaining which the given person independently or together with his affiliated persons will own thirty or more percent of the voting shares of the company shall have the duty to send a notice of this to the company and to the authorized body in the manner established by it. The notice must contain information on the number of shares to be obtained, the proposed price of purchase, and other information determined by normative legal acts of the authorized body.

2. The company shall not have the right to prevent sale of shares of the company by shareholders. The company shall have the right to make an offer to a person wishing to sell shares of the company for their purchase by the company or third persons at a price exceeding the proposed price. An offer for purchase must contain information on the number of shares, the price and the details of the buyers in case of obtaining of the shares by third persons.

3. A person that independently or jointly with its affiliated persons has obtained, on the secondary securities market, thirty or more percent of voting shares of the company or some other quantity of voting shares as the result of obtaining which the given person independently or together with his affiliated persons will own thirty or more percent of the voting shares of the company, within thirty days from the day of obtaining them, shall have the duty to publish in the mass media a proposal to the remaining shareholders to sell the shares belonging to them. In such a case, a proposal to the shareholders of a public company must be published on the corporate website. A shareholder shall have the right to accept an offer on the sale of the share belonging to him in a time period not exceeding 30 days from the publication of a proposal for their sale.

An offer to shareholders for the sale of the shares belonging to them must contain data on the person and its affiliated persons that have obtained thirty or more percent of the voting shares of the company, including their names (or designations), places of residence (or place of location), number of shares belonging to them, and on the proposed price for obtaining shares determined in accordance with Paragraph 2 of Article 69 of the present Law.

In case of receipt of written consent of a shareholder for the sale of the shares belonging to him, the person that published the proposal to obtain them shall have the duty to pay for the shares within thirty days.

Статья 25. Совершение сделок с акциями общества

1. Лицо, самостоятельно или совместно со своими аффилиированными лицами, имеющее намерение приобрести на вторичном рынке ценных бумаг тридцать или более процентов голосующих акций общества либо иное количество голосующих акций, в результате приобретения которого данному лицу самостоятельно или совместно с его аффилиированными лицами будет принадлежать тридцать или более процентов голосующих акций общества, обязано направить уведомление об этом в общество и в уполномоченный орган в установленном им порядке. Уведомление должно содержать сведения о количестве приобретаемых акций, предполагаемой цене покупки и иные сведения, определенные нормативными правовыми актами уполномоченного органа.

2. Общество не вправе препятствовать продаже акций общества акционерами. Общество имеет право сделать предложение лицу, желающему продать акции общества, об их покупке самим обществом или третьими лицами по цене, превышающей предложенную цену. Предложение о покупке должно содержать сведения о количестве акций, цене и реквизитах покупателей в случае приобретения акций третьими лицами.

3. Лицо, которое самостоятельно или совместно со своими аффилиированными лицами приобрело на вторичном рынке ценных бумаг тридцать и более процентов голосующих акций общества либо иное количество голосующих акций, в результате приобретения которого данному лицу самостоятельно или совместно с его аффилиированными лицами стало принадлежать тридцать или более процентов голосующих акций общества, в течение тридцати дней со дня приобретения обязано опубликовать в средствах массовой информации предложение остальным акционерам продать принадлежащие им акции общества. При этом предложение акционерам публичной компании должно быть опубликовано на корпоративном веб-сайте. Акционер вправе принять предложение о продаже принадлежащих ему акций в срок не более тридцати дней со дня опубликования предложения об их продаже.

Предложение акционерам о продаже принадлежащих им акций должно содержать данные о лице и его аффилиированных лицах, которые приобрели тридцать и более процентов голосующих акций общества, включая имена (наименования), места жительства (места нахождения), количество принадлежащих им акций, и о предлагаемой цене приобретения акций, определяемой в соответствии с пунктом 2 статьи 69 настоящего Закона.

В случае получения письменного согласия акционера о продаже принадлежащих ему акций лицо, опубликовавшее предложение о приобретении, обязано в течение тридцати дней оплатить акции.

In case of non-observance of the method for obtaining shares indicted in the present Paragraph the person (or persons) holding thirty or more percent of the of voting shares of the company shall have the duty to make an alienation to persons not affiliated with it (or them) of the shares exceeding twenty-nine percent of the voting shares of the company.

4. A shareholder of the company who has submitted a statement in answer to a proposal for the sale of the shares belonging to him shall have the right to contest in court the refusal of a person that published this offer to buy the shares.

Article 26. Buyback of Distributed Shares on the Initiative of the Company

1. A buyback of distributed shares may be done with the consent of a shareholder on the initiative of the company for the purpose of their later sale or for other purposes not contradicting the legislation of the Republic of Kazakhstan or the charter of the company.

The buyback of distributed shares on the initiative of the company shall be made in accordance with the methodology of determining the value of shares on their buyback by the company approved in the manner provided by the present Law, with the exception of the buyback of shares of the company on the stock exchange by the method of open auction.

2. A buyback by the company of distributed shares on the initiative of the company shall be made on the basis of a decision of the board of directors, unless otherwise established by the present Law and/or the charter of the company.

3. The company shall not have the right to buy back its distributed shares:

1) before the first general meeting of shareholders;

2) before the approval of the first report on the results of the distribution of shares among the founders;

3) if, as the result of the buyback of shares, the size of own capital of the company would become less than the size of the amount of charter capital established by the present Law;

4) if at the time of the buyback of shares the company meets the indicators of inability to pay or insolvency in accordance with the legislation of the Republic of Kazakhstan on bankruptcy or these indicators would appear for it as the result of the buyback of all the shares requested or proposed for buyback;

5) if a court or the general meeting of shareholders of the company has adopted a decision on the liquidation of the company.

При несоблюдении порядка приобретения акций, указанного в настоящем пункте, лицо (лица), владеющее (владеющие) тридцатью и более процентами голосующих акций общества, обязано (обязаны) произвести отчуждение неаффилированным с ним (ними) лицам части принадлежащих ему (им) акций, превышающей двадцать девять процентов голосующих акций общества.

4. Акционер общества, подавший заявление в ответ на предложение о продаже принадлежащих ему акций, вправе в судебном порядке обжаловать отказ лица, опубликовавшего это предложение, от покупки акций.

Статья 26. Выкуп размещенных акций по инициативе общества

1. Выкуп размещенных акций может быть произведен с согласия акционера по инициативе общества в целях их последующей продажи или в иных целях, не противоречащих законодательству Республики Казахстан и уставу общества.

Выкуп размещенных акций по инициативе общества производится в соответствии с методикой определения стоимости акций при их выкупе обществом, утвержденной в порядке, установленном настоящим Законом, за исключением случая выкупа акций обществом на фондовой бирже методом открытых торгов.

2. Выкуп обществом размещенных акций по инициативе общества производится на основании решения совета директоров, если иное не установлено настоящим Законом и (или) уставом общества.

3. Общество не вправе выкупать свои размещенные акции:

1) до проведения первого общего собрания акционеров;

2) до утверждения первого отчета об итогах размещения акций среди учредителей;

3) если в результате выкупа акций размер собственного капитала общества станет меньше размера минимального уставного капитала, установленного настоящим Законом;

4) если на момент выкупа акций общество отвечает признакам неплатежеспособности или несостоятельности в соответствии с законодательством Республики Казахстан о банкротстве либо указанные признаки появятся у него в результате выкупа всех требуемых или предполагаемых к выкупу акций;

5) если судом или общим собранием акционеров общества принято решение о его ликвидации.

4. If the number of distributed shares of the company bought back on the initiative of the company exceeds one percent of their overall number, then before the conclusion of the transaction (or transactions) of purchase and sale of shares, the company shall have the duty to announce such buyback to its shareholders.

The announcement of the company on the buyback of its distributed shares must contain information on the types and number of shares to be bought back by it, the price, the time period, and conditions of buying them back and must be published in the mass media.

5. In the event that the number of distributed shares of the company presented by its shareholders for buyback exceeds the number of shares that the company has announced for buyback, these shares shall be bought from shareholders in proportion to the number of shares belonging to them.

Article 27. Buyback of Distributed Shares of the Company on Demand of a Shareholder

1. A buyback of the distributed shares must be made by the company on demand of a shareholder of the company. This demand may be presented by him in cases of:

1) the adoption by the general meeting of shareholders of a decision on reorganization of the company (if the shareholder took part in the general meeting of shareholders at which the matter of reorganization of the company was considered and voted against this decision);

1-1) the adoption by the general meeting of shareholders of a decision on delisting the shares of the company (if the shareholder did not participate in the general meeting or if he took part in this meeting and voted against the adoption of this decision) (this subparagraph was added by the Law of the Republic of Kazakhstan of October 23, 2008, No. 72-IV);

1-2) the adoption of a decision by the organizer of an exchange on the delisting of the shares of the company;

2) disagreement with regard to a decision on the conclusion of a major transaction and/or with regard to a decision on the conclusion of a transaction in the making of which by the company there was an interest, adopted in the manner established by the present Law and/or the charter of the company;

3) the adoption by the general meeting of shareholders of a decision on making changes in and additions to the charter of the company limiting the rights for the shares belonging to the given shareholder (if the shareholder did not participate in the general meeting of shareholders at which this decision was taken or if he took part in this meeting and voted against this decision).

4. Если количество выкупаемых по инициативе общества его размещенных акций превышает один процент от их общего количества, до заключения сделки (сделок) купли-продажи акций оно обязано объявить о таком выкупе своим акционерам.

Объявление общества о выкупе своих размещенных акций должно содержать сведения о видах, количестве выкупаемых им акций, цене, сроке и об условиях их выкупа и должно быть опубликовано в средствах массовой информации.

5. В случае, если количество размещенных акций общества, заявленных его акционерами к выкупу, превышает количество акций, которое объявлено обществом к выкупу, эти акции выкупаются у акционеров пропорционально количеству принадлежащих им акций.

Статья 27. Выкуп размещенных акций обществом по требованию акционера

1. Выкуп размещенных акций должен быть произведен обществом по требованию акционера общества, которое может быть предъявлено им в случаях:

1) принятия общим собранием акционеров решения о реорганизации общества (если акционер принимал участие в общем собрании акционеров, на котором рассматривался вопрос о реорганизации общества, и голосовал против нее);

1-1) принятия общим собранием акционеров решения о делистинге акций общества (если акционер не участвовал в общем собрании акционеров или если он принимал участие в этом собрании и голосовал против принятия указанного решения);

1-2) принятия решения организатором торгов о делистинге акций общества;

2) несогласия с решением о заключении крупной сделки и (или) решением о заключении сделки, в совершении которой обществом имеется заинтересованность, принятыми в порядке, установленном настоящим Законом и (или) уставом общества;

3) принятия общим собранием акционеров решения о внесении изменений и дополнений в устав общества, ограничивающих права по акциям, принадлежащим данному акционеру (если акционер не участвовал в общем собрании акционеров, на котором было принято такое решение, или если он принимал участие в этом собрании и голосовал против принятия указанного решения).

1-1. Buyback by the company of distributed shares on demand of a shareholder shall be made in accordance with the methodology for determining the value of shares in case they are bought back by the company on the unorganized securities market, approved in the manner established by the present Law.

2. A shareholder shall have the right in the course of thirty days from the day of adoption of a decision indicated in Paragraph 1 of the present Article or from the day of a decision by the organizer of an exchange on the delisting of shares of the company to present to the company a demand for the buyback of the shares belonging to him by submitting a written statement.

In course of thirty days from the day of receipt of the aforesaid statement, the company must buy back the shares from the shareholder.

3. In the event that the number of distributed shares presented by its shareholders for buyback shall exceed the number of shares that may be bought back by the company, these shares shall be bought back from the shareholders in proportion to the number of shares belonging to them.

Article 28. Limitations on the Buyback by the Company of Distributed Shares

1. The number of distributed shares bought back by the company may not exceed twenty-five percent of the overall number of distributed shares, and the expenditures on the buyback of distributed shares of the company may not exceed ten percent of the size of its own capital:

1) in case of purchase of distributed shares on demand of a shareholder - according to the status on the date:

of the adoption by the general meeting of shareholders of one of the decisions indicated in subparagraphs 1), 1-1), and 3) of Paragraph 1 of Article 27 of the present Law;

of adoption by the organizer of auctions of a decision on delisting of the shares of the company;

of adoption of a decision on the conclusion of a major transaction and/or a transaction in the making of which by the company there is an interest;

2) in case of a buyback of distributed shares on initiative of the company – according to the status on the date of adoption of the decision on the buyback of distributed shares of the company.

2. Shares bought back by the company shall not be considered in the determination of a quorum of a general meeting of its shareholders and shall not participate in voting at a general meeting.

Article 29. [repealed]

1-1. Выкуп обществом размещенных акций по требованию акционера осуществляется в соответствии с методикой определения стоимости акций при их выкупе обществом на неорганизованном рынке ценных бумаг, утвержденной в порядке, установленном настоящим Законом.

2. Акционер вправе в течение тридцати дней со дня принятия решения, указанного в пункте 1 настоящей статьи, или со дня принятия решения организатором торгов о делистинге акций общества предъявить обществу требование о выкупе принадлежащих ему акций посредством направления обществу письменного заявления.

В течение тридцати дней со дня получения указанного заявления общество обязано выкупить акции у акционера.

3. В случае, если количество размещенных акций общества, заявленных его акционерами к выкупу, превышает количество акций, которые могут быть выкуплены обществом, эти акции выкупаются у акционеров пропорционально количеству принадлежащих им акций.

Статья 28. Ограничения по выкупу обществом размещенных акций

1. Количество выкупаемых обществом размещенных акций не должно превышать двадцать пять процентов от общего количества размещенных акций, а расходы на выкуп размещенных акций общества не должны превышать десять процентов от размера его собственного капитала:

1) при выкупе размещенных акций по требованию акционера - по состоянию на дату:

принятия общим собранием акционеров решений, указанных в подпунктах 1), 1-1) и 3) пункта 1 статьи 27 настоящего Закона;

принятия организатором торгов решения о делистинге акций общества;

принятия решения о заключении крупной сделки и (или) сделки, в совершении которой обществом имеется заинтересованность;

2) при выкупе размещенных акций по инициативе общества - по состоянию на дату принятия решения о выкупе размещенных акций общества.

2. Выкупленные обществом акции не учитываются при определении кворума общего собрания его акционеров и не участвуют в голосовании на нем.

Статья 29. [Исключена]

Article 30. Convertible Securities of the Company

1. The company shall have the right to issue convertible securities only if the possibility of such an issue is provided by its charter.

Noncommercial organizations founded in the organizational-legal form of a joint-stock company shall not have the right to issue convertible securities.

2. The issue of securities of the company that are convertible into shares shall be allowed within the limits of the difference between the declared and distributed shares of the company.

3. The conditions and manner of conversion of securities of the company shall be indicated in the prospectus for the issuance of convertible securities.

4. Conversion securities and other monetary obligations to creditors of the company into its common shares shall be made on the basis of one of the following documents:

1) a prospectus for issuance of securities convertible into common shares of the company;

2) a plan of reconstruction of a bank adopted in the manner provided by the legislation of the Republic of Kazakhstan on banks and banking activity;

3) a plan of rehabilitation, if the company is an insolvent debtor, adopted in the manner provided by the legislation of the Republic of Kazakhstan on bankruptcy.

5. In the conversion of securities into common shares on the basis of the prospectus of issuance of the given securities, the right of first refusal of shares shall be granted to shareholders of the company unless previously in the distribution of securities convertible into common shares of the company the shareholders were granted the right of preferential purchase of the given securities.

6. In the event of conversion of securities into shares of the company in the course of the procedure of restructuring of assets and liabilities of the bank or in the process of rehabilitation of the company if the company is an insolvent debtor, the right of first refusal shall not be granted to shareholders of the bank (or company) in case of distribution of their shares by convertible securities and/or monetary obligations of the company into its shares.

7. The company shall have the right to convert securities of the company into common shares on the condition of observance by the persons obtaining common shares as the result of such conversion, of the requirements established by legislative acts of the Republic of Kazakhstan with respect to shareholders (or persons planning to obtain shares) of the company conducting the respective types of activity.

Статья 30. Конвертирование ценных бумаг и иных денежных обязательств эмитента в простые акции общества

1. Общество вправе выпускать конвертируемые ценные бумаги только в случае, если возможность такого выпуска предусмотрена его уставом.

Некоммерческие организации, созданные в организационно-правовой форме акционерного общества, не вправе выпускать конвертируемые ценные бумаги.

2. Выпуск ценных бумаг общества, конвертируемых в акции, допускается в пределах разницы между объявленными и размещенными акциями общества.

3. Условия, сроки и порядок конвертирования ценных бумаг общества указываются в проспекте выпуска конвертируемых ценных бумаг.

4. Конвертирование ценных бумаг и иных денежных обязательств перед кредиторами общества в его простые акции осуществляется на основании одного из следующих документов:

1) проспекта выпуска ценных бумаг, конвертируемых в простые акции общества;

2) плана реструктуризации банка, принятого в порядке, предусмотренном законодательством Республики Казахстан о банках и банковской деятельности;

3) плана реабилитации, если общество является несостоятельным должником, принятого в порядке, предусмотренном законодательством Республики Казахстан о банкротстве.

5. При конвертировании ценных бумаг в простые акции общества на основании проспекта выпуска данных ценных бумаг право преимущественной покупки акций предоставляется акционерам общества, если ранее при размещении ценных бумаг, конвертируемых в простые акции общества, акционерам было предоставлено право преимущественной покупки данных ценных бумаг.

6. В случае конвертирования ценных бумаг в акции общества в рамках процедуры реструктуризации активов и обязательств банка или в процессе реабилитации общества, если общество является несостоятельным должником, право преимущественной покупки не предоставляется акционерам банка (общества) при размещении их акций посредством конвертирования ценных бумаг и (или) денежных обязательств общества в его акции.

7. Общество вправе конвертировать ценные бумаги в простые акции общества при условии соблюдения лицами, приобретающими в результате такого конвертирования простые акции, требований, установленных законодательными актами Республики Казахстан в отношении акционеров (лиц, планирующих приобрести акции) общества, осуществляющего соответствующие виды деятельности.

Conversion of securities into common shares of the company is forbidden in cases provided by a normative legal act of the authorized body.

Article 30-1. Exchange of Distributed Shares of the Company of One Type for Shares of the Given Company of Another Type

1. The company may conduct an exchange of distributed shares of the company of one type for shares of the given company of another type only in the event if the possibility of such an exchange is provided by its charter and prospectus of issuance of shares.

2. The terms, time periods, and manner of exchange of distributed shares of the company of one type for shares of the given company of another type shall be established by a normative legal act of the authorized body and the prospectus of issuance of shares.

Article 31. Pledge of Securities of the Company

1. The right to pledge securities of the company may not be limited or excluded by the provisions of the charter of the company.

A shareholder shall have the right to vote and to receipt of dividends on shares pledged by him, unless provided otherwise by the terms of the pledge.

2. The company may accept as a pledge securities distributed by it only in the event that:

1) the pledged securities are fully paid for;

2) the general number of shares given in pledge to the company and held by it in pledge constitutes not more than twenty-five percent of distributed shares of the company, with the exception of shares bought back by the company;

3) the pledge contract has been approved by the board of directors, unless otherwise established by the charter of the company.

3. The right to vote on shares distributed by the company and held by it in pledge shall belong to the shareholder, unless otherwise established by the terms of the pledge. The company shall not have the right to vote the shares held by it in pledge.

4. The manner of registration of a pledge of securities shall be determined in accordance with the legislation of the Republic of Kazakhstan on the securities market.

Article 32. Covering Tax Indebtedness of a Company with the Participation of the State in the Charter Capital at the Expense of Declared Shares of the Company

1. In the event that the tax indebtedness of the company with the participation of the state in the charter capital was overdue by more than for three months (hereinafter "overdue indebtedness") the state body of the Republic of Kazakhstan, providing tax supervision of tax obligations to the state (hereinafter – "the state body"), shall have the right for the purpose of covering the overdue indebtedness of the company:

Запрещается конвертирование ценных бумаг в простые акции общества в случаях, предусмотренных нормативным правовым актом уполномоченного органа.

Статья 30-1. Обмен размещенных акций общества одного вида на акции данного общества другого вида

1. Общество вправе осуществить обмен размещенных акций общества одного вида на акции данного общества другого вида только в случае, если возможность такого обмена предусмотрена его уставом и проспектом выпуска акций.

2. Условия, сроки и порядок обмена размещенных акций общества одного вида на акции данного общества другого вида устанавливаются нормативным правовым актом уполномоченного органа и проспектом выпуска акций.

Статья 31. Залог ценных бумаг общества

1. Право закладывать ценные бумаги общества не может быть ограничено или исключено положениями устава общества.

Акционер имеет право голоса и на получение дивидендов по заложенной им акции, если иное не предусмотрено условиями залога.

2. Общество может принимать в залог размещенные им ценные бумаги только в случае, если:

1) передаваемые в залог ценные бумаги полностью оплачены;

2) общее количество акций, передаваемых в залог обществу и находящихся у него в залоге, составляет не более двадцати пяти процентов размещенных акций общества, за исключением акций, выкупленных обществом;

3) договор о залоге одобрен советом директоров, если иное не установлено уставом общества.

3. Право голоса по акциям, размещенным обществом и находящимся у него в залоге, принадлежит акционеру, если иное не установлено условиями залога. Общество не вправе голосовать своими акциями, находящимися у него в залоге.

4. Порядок регистрации залога ценных бумаг общества определяется в соответствии с законодательством Республики Казахстан о рынке ценных бумаг.

Статья 32. Погашение налоговой задолженности общества с участием государства в уставном капитале за счет объявленных акций общества

1. В случае, если налоговая задолженность общества с участием государства в уставном капитале просрочена более чем на три месяца (далее - просроченная задолженность), государственный орган Республики Казахстан, обеспечивающий налоговый контроль за исполнением налоговых обязательств перед государством, (далее - государственный орган) вправе в целях погашения просроченной задолженности общества:

1) to adopt a decision on a limitation with respect to the disposition of declared shares of the company in accordance with the tax legislation of the Republic of Kazakhstan;

2) in case of the absence of declared shares of the company or their insufficiency for covering the overdue indebtedness of the company to apply to court with a suit for covering the overdue indebtedness of the company by compulsory issue of declared shares of the company with their subsequent distribution.

2. Distribution of declared shares of the company that are limited in distribution and of declared shares of compulsory issue shall be made in the manner established by the tax legislation of the Republic of Kazakhstan for the sale of property limited in disposition.

In case the company carries out activities in branches having important strategic significance for the economy of Kazakhstan, then, by a decision of the Government of the Republic of Kazakhstan, the state body shall have the right to distribute declared shares of the company that are limited in distribution and declared shares of compulsory issue by their compulsory taking into the ownership of the state toward covering the overdue indebtedness of the company.

3. Taking into the ownership of the state of declared shares of the company that are limited in distribution and declared shares of compulsory issue shall be conducted by the registration of the right of state ownership to them in the system of registers of holders of shares of the company. The right of state ownership shall be registered to the state body authorized by the Government of the Republic of Kazakhstan for the disposition of the Republic's state property.

4. State registration of the compulsory issue of declared shares on decision of the court shall be conducted in the manner provided by the legislation of the Republic of Kazakhstan.

5. It is forbidden to use money received from distribution of declared shares of the company that are limited in distribution and declared shares of compulsory issue for purposes other than covering overdue indebtedness of the company.

In the event that the amount obtained from distribution of declared shares of the company that are limited in distribution and declared shares of compulsory issue exceeds the amount of overdue indebtedness, the difference shall be allotted to the income of the company.

6. The price of distribution and the number of shares necessary for covering the overdue indebtedness of the company shall be determined by the state body by agreement with the company. On the initiative of the state body, the price of distribution of shares may also be determined by an appraiser in accordance with the legislation of the Republic of Kazakhstan.

1) принять решение об ограничении в распоряжении объявленными акциями общества в соответствии с налоговым законодательством Республики Казахстан;

2) в случае отсутствия объявленных акций общества или их недостаточности для погашения просроченной задолженности общества обратиться в суд с иском о погашении просроченной задолженности общества посредством принудительного выпуска объявленных акций общества с последующим их размещением.

2. Размещение ограниченных в распоряжении объявленных акций общества и объявленных акций принудительного выпуска осуществляется в порядке, установленном налоговым законодательством Республики Казахстан для реализации ограниченного в распоряжении имущества.

В случае если общество осуществляет деятельность в отраслях, имеющих важное стратегическое значение для экономики республики, то по решению Правительства Республики Казахстан государственный орган вправе размещать ограниченные в распоряжении объявленные акции общества и объявленные акции принудительного выпуска посредством их принудительного изъятия в собственность государства в счет погашения просроченной задолженности общества.

3. Изъятие в собственность государства ограниченных в распоряжении объявленных акций общества и объявленных акций принудительного выпуска осуществляется посредством регистрации права государственной собственности на них в системе реестров держателей акций общества. Право государственной собственности регистрируется за государственным органом, уполномоченным Правительством Республики Казахстан на распоряжение республиканской государственной собственностью.

4. Государственная регистрация принудительного выпуска объявленных акций по решению суда осуществляется в порядке и на условиях, предусмотренных законодательством Республики Казахстан.

5. Запрещается использовать деньги, поступившие от размещения ограниченных в распоряжении объявленных акций общества и объявленных акций принудительного выпуска, на иные цели, кроме как на погашение просроченной задолженности общества.

В случае если сумма, вырученная от размещения ограниченных в распоряжении объявленных акций общества и объявленных акций принудительного выпуска, превышает сумму просроченной задолженности, то разница направляется в доход общества.

6. Цена размещения и количество акций, необходимых для погашения просроченной задолженности общества, определяются государственным органом по согласованию с обществом. По инициативе государственного органа цена размещения акций может быть также определена оценщиком в соответствии с законодательством Республики Казахстан.

In determining the price of distribution of shares by an appraiser, the expenses incurred as part of appraisal shall be borne by the company.

7. The overdue indebtedness shall be considered paid in accordance with the tax legislation of the Republic of Kazakhstan in case of payment of the overdue indebtedness at the expense of money received from the distribution of declared shares of the company that are limited in distribution and declared shares of compulsory issue or from the time of registration of the right of ownership the state to distribute declared shares of the company that are limited in distribution and declared shares of compulsory issue in the system of registers of holders of shares of the company.

Chapter 5. MANAGEMENT OF THE COMPANY

Article 33. Bodies of the Company
1. The bodies of the company are:
1) the highest body - the general meeting of shareholders (in a company, all voting shares of which belong to one shareholder – this shareholder);
2) the management body – the board of directors;
3) the executive body – a collegial body or a person solely exercising a function of an executive body, the name of which shall be determined by the charter of the company;
4) other bodies in accordance with the present Law, by other normative legal acts of the Republic of Kazakhstan and/or the charter of the company.
2. [repealed]
3. A physical person who previously was a state official and had by virtue of his official functions authority for the oversight and supervision of the activity of the company on the part of the state may not be elected to the bodies of the given company within one year from the date of termination of such powers, with the exception of bodies of a company with at least ten percent of its voting shares belonging to the state or a national management holding.
4. [repealed]

Article 34. Peculiarities of the Management of a Company with Participation of the State in the Charter Capital
Peculiarities of the management of the participation of the state in the charter capital must be determined by the Law of the Republic of Kazakhstan "On State Property".

В случае определения цены размещения акций оценщиком затраты, связанные с оценкой, несет общество.

7. Просроченная задолженность общества считается погашенной в соответствии с налоговым законодательством Республики Казахстан в случае погашения просроченной задолженности за счет денег, поступающих от размещения ограниченных в распоряжении объявленных акций общества и объявленных акций принудительного выпуска, или с момента регистрации права собственности государства на ограниченные в распоряжении объявленные акции общества и объявленные акции принудительного выпуска в системе реестров держателей акций общества.

Глава 5. Управление обществом

Статья 33. Органы общества

1. Органами общества являются:

1) высший орган - общее собрание акционеров (в обществе, все голосующие акции которого принадлежат одному акционеру, - данный акционер);

2) орган управления - совет директоров;

3) исполнительный орган - коллегиальный орган или лицо, единолично осуществляющее функции исполнительного органа, название которого определяется уставом общества;

4) иные органы в соответствии с настоящим Законом, иными нормативными правовыми актами Республики Казахстан и (или) уставом общества.

2. [Исключен]

3. Физическое лицо, ранее являвшееся государственным служащим и имевшее в силу своих служебных функций полномочия по контролю и надзору за деятельностью общества со стороны государства, не может быть избрано в органы данного общества в течение одного года со дня прекращения таких полномочий, за исключением органов общества, не менее десяти процентов голосующих акций которого принадлежат государству либо национальному управляющему холдингу.

4. [Исключен]

Статья 34. Особенности управления обществом с участием государства в уставном капитале

Особенности управления обществом с участием государства в уставном капитале определяются Законом Республики Казахстан «О государственном имуществе».

Article 34-1. Peculiarities of the Purchase of Goods, Works, and Services

1. Procurement of goods, work, and services, including placement of a guaranteed order by a national management holding, national holdings, national companies and organizations, fifty or more percent of the shares (or participatory shares in the charter capital) of which directly or indirectly belongs to the national management holding, national holding, or national company, with the exception of secondary banks (except for the Development Bank of Kazakhstan and the House Construction Savings Bank of Kazakhstan) shall be conducted on the basis of model rules for procurement of goods, work, and services approved by the Government of the Republic Kazakhstan.

Indirect possession means possession by each subsequent organization of fifty or more percent of the shares (or participatory shares in the charter capital) of another organization by right of ownership or of entrusted management.

2. Unless otherwise provided by legislative acts of the Republic of Kazakhstan, in carrying out the procurement of goods, work, and services, persons listed in Paragraph 1 of the present Article must:

1) provide in the tender documents presented to participants in the tender requirements for assumed reduction of prices of participants in the tender that are Kazakhstani producers of goods, work, and services;

2) adopt an assumed reduction of prices in case of consideration of applications of Kazakhstani producers of goods, work, and services and the selection of winners of the tender;

3) give preference to Kazakhstani producers of goods, work, and services in case of equal price proposals by tender participants.

3. The persons listed in Paragraph 1 of the present Article shall have the duty to provide information on the Kazakhstani content in procurement of goods, work, and services to the authorized body in the area of state support of innovative and industrial activity in the form and time periods established by it.

The local content shall be determined in accordance with the uniform method of calculation by organization of local content in the purchase of goods, work, and services approved by the Government of the Republic of Kazakhstan.

Article 35. General Meeting of Shareholders

1. General meetings of shareholders are classified as annual and extraordinary.

The company must hold annual meeting of shareholders every year. Other general meetings of shareholders are extraordinary.

Статья 34-1. Особенности закупок товаров, работ и услуг

1. Закупки товаров, работ и услуг, в том числе размещение гарантированного заказа, национальным управляющим холдингом, национальными холдингами, национальными компаниями и организациями, пятьдесят и более процентов акций (долей участия в уставном капитале) которых прямо или косвенно принадлежат национальному управляющему холдингу, национальному холдингу, национальной компании, за исключением банков второго уровня (кроме Банка Развития Казахстана и Жилищного строительного сберегательного банка Казахстана), осуществляются на основе типовых правил закупок товаров, работ и услуг, утверждаемых Правительством Республики Казахстан.

Косвенное владение означает владение каждой последующей организацией пятьюдесятью и более процентами акций (долей участия в уставном капитале) иной организации на праве собственности или доверительного управления.

2. Если иное не предусмотрено законодательными актами Республики Казахстан, при проведении закупок товаров, работ и услуг лица, перечисленные в пункте 1 настоящей статьи, должны:

1) предусматривать в тендерной документации, представляемой участникам тендера, требования по условному снижению цен участников тендера - казахстанских производителей товаров, работ и услуг;

2) применять условное снижение цен при рассмотрении заявок казахстанских производителей товаров, работ и услуг и выборе победителя тендера;

3) при равенстве ценовых предложений участников тендера отдавать предпочтение казахстанским производителям товаров, работ и услуг.

3. Лица, перечисленные в пункте 1 настоящей статьи, обязаны предоставлять информацию по местному содержанию в закупках товаров, работ и услуг в уполномоченный орган в области государственной поддержки индустриально-инновационной деятельности по форме и в сроки, установленные им.

Местное содержание определяется по единой методике расчета организациями местного содержания при закупке товаров, работ и услуг, утвержденной Правительством Республики Казахстан.

Статья 35. Общее собрание акционеров

1. Общие собрания акционеров подразделяются на годовые и внеочередные.

Общество обязано ежегодно проводить годовое общее собрание акционеров. Иные общие собрания акционеров являются внеочередными.

The first general meeting of shareholders must be called and conducted within two months after the state registration of the issue of declared shares and the formation of the system of registers of holders of shares.

At the first meeting of shareholders, the board of directors shall be elected.

2. At the annual general meeting of shareholders:

1) the annual financial reporting of the company shall be approved;

2) the manner of distribution of the net income of the company for the preceding financial year and the amount of the dividend per share of the company shall be determined;

3) the matter of applications of shareholders with respect to actions of the company and its officials and the results of their consideration shall be considered.

The chairman of the board of directors shall inform the shareholders of the company about the size and composition of members of the board of directors and of the executive body of the company.

The annual general meeting of shareholders may consider other matters, the adoption of decisions on which is allotted to the competence of the general meeting of shareholders.

3. The annual general meeting of shareholders must be conducted within the course of five months from the end of the financial year.

This time period shall be considered extended up to three months in case of impossibility of completing the audit of the company for the reporting period.

4. In a company all voting shares of which belong to one shareholder, the general meeting of shareholders shall not be conducted. Decisions on matters delegated by the present Law and/or the charter of the company to the competence of the general meeting of shareholders shall be taken by this shareholder solely and shall be subject to formalization in written form on the condition that these decisions do not infringe upon and do not limit the rights certified evidenced by preferred shares.

5. In cases provided by Paragraph 4 of the present Article, if the sole shareholder or a person holding all the voting shares of the company is a legal person, then decisions on matters by the present Law and the charter of the company to the competence of the general meeting of shareholders shall be taken by the body, officials or employees of the legal person having the right to adopt such decisions in accordance with the legislation of the Republic of Kazakhstan and the charter of the legal person.

Article 36. Competence of the General Meeting of Shareholders

1. The following matters are allocated to the exclusive competence of the general meeting of shareholders:

Первое общее собрание акционеров должно быть созвано и проведено в течение двух месяцев после государственной регистрации выпуска объявленных акций и формирования системы реестров держателей акций.

На первом общем собрании акционеров избирается совет директоров общества.

2. На ежегодном общем собрании акционеров:

1) утверждается годовая финансовая отчетность общества;

2) определяются порядок распределения чистого дохода общества за истекший финансовый год и размер дивиденда в расчете на одну простую акцию общества;

3) рассматривается вопрос об обращениях акционеров на действия общества и его должностных лиц и итогах их рассмотрения.

Председатель совета директоров информирует акционеров общества о размере и составе вознаграждения членов совета директоров и исполнительного органа общества.

Годовое общее собрание акционеров вправе рассматривать и другие вопросы, принятие решений по которым отнесено к компетенции общего собрания акционеров.

3. Годовое общее собрание акционеров должно быть проведено в течение пяти месяцев по окончании финансового года.

Указанный срок считается продленным до трех месяцев в случае невозможности завершения аудита общества за отчетный период.

4. В обществе, все голосующие акции которого принадлежат одному акционеру, общие собрания акционеров не проводятся. Решения по вопросам, отнесенным настоящим Законом и (или) уставом общества к компетенции общего собрания акционеров, принимаются таким акционером единолично и подлежат оформлению в письменном виде при условии, что эти решения не ущемляют и не ограничивают права, удостоверенные привилегированными акциями.

5. Если в случаях, предусмотренных пунктом 4 настоящей статьи, единственным акционером или лицом, владеющим всеми голосующими акциями общества, является юридическое лицо, то решения по вопросам, отнесенным настоящим Законом и уставом общества к компетенции общего собрания акционеров, принимаются органом, должностными лицами или работниками юридического лица, обладающими правом на принятие таких решений в соответствии с законодательством Республики Казахстан и уставом юридического лица.

Статья 36. Компетенция общего собрания акционеров

1. К исключительной компетенции общего собрания акционеров относятся следующие вопросы:

1) the making of changes and additions to the charter of the company or its approval in a new version;

1-1) the approval of a code of corporate management and also of changes and additions to it in the case that the adoption of the given code was provided by the charter of the company:

2) the voluntary reorganization or liquidation of the company;

3) the adoption of a decision on increasing the number of declared shares of the company or changing the type of undistributed declared shares of the company;

3-1) determination of the conditions and manner of converting securities of the company and also amending them;

3-2) adoption of a decision on issuance of securities convertible into common shares of the company;

3-3) adoption of a decision on exchange of distributed shares of one type for shares of another type and a determination of the terms and manner of such an exchange;

4) the determination of the quantitative composition, the term of authority of the counting commission, the election of its members, and the early termination of their authority;

5) the determination of the quantitative composition, the term of authority of the board of directors, the election of its members and early termination of their authority, and also the determination of size and conditions of payment of compensation and expense to members of the board directors for the performance by them of their duties;

6) the determination of the audit organization conducting the audit of the company;

7) approval of the annual financial reporting;

8) approval of the manner of distribution of the net income of the company for the reporting financial year, the adoption of a decision on payment of dividends on common shares and approval of the size of the dividend calculated for one common share of the company;

9) adoption of the decision on nonpayment of dividends on common shares of the company;

9-1) adoption of a decision on the voluntary delisting of the company;

10) the adoption of a decision on the participation of the company in the creation or activity of other legal persons or of withdrawal from the composition of participants (or shareholders) of other legal persons by transfer (or receipt) of part or several parts of assets in an amount constituting twenty-five percent or more of the percent of all the shares belonging to the company;

11) [repealed]

12) [repealed]

1) внесение изменений и дополнений в устав общества или утверждение его в новой редакции;

1-1) утверждение кодекса корпоративного управления, а также изменений и дополнений в него в случае, если принятие данного кодекса предусмотрено уставом общества;

2) добровольная реорганизация или ликвидация общества;

3) принятие решения об увеличении количества объявленных акций общества или изменении вида неразмещенных объявленных акций общества;

3-1) определение условий и порядка конвертирования ценных бумаг общества, а также их изменение;

3-2) принятие решения о выпуске ценных бумаг, конвертируемых в простые акции общества;

3-3) принятие решения об обмене размещенных акций одного вида на акции другого вида, определение условий и порядка такого обмена;

4) определение количественного состава и срока полномочий счетной комиссии, избрание ее членов и досрочное прекращение их полномочий;

5) определение количественного состава, срока полномочий совета директоров, избрание его членов и досрочное прекращение их полномочий, а также определение размера и условий выплаты вознаграждений и компенсации расходов членам совета директоров за исполнение ими своих обязанностей;

6) определение аудиторской организации, осуществляющей аудит общества;

7) утверждение годовой финансовой отчетности;

8) утверждение порядка распределения чистого дохода общества за отчетный финансовый год, принятие решения о выплате дивидендов по простым акциям и утверждение размера дивиденда в расчете на одну простую акцию общества;

9) принятие решения о невыплате дивидендов по простым акциям общества;

9-1) принятие решения о добровольном делистинге акций общества;

10) принятие решения об участии общества в создании или деятельности иных юридических лиц либо выходе из состава участников (акционеров) иных юридических лиц путем передачи (получения) части или нескольких частей активов, в сумме составляющих двадцать пять и более процентов от всех принадлежащих обществу активов;

11) [Исключен]

12) [Исключен]

13) the determination of the form of informing by the company of shareholders on the call of the general meeting of shareholders and the adoption of a decision on distribution of this information in the mass media;

14) approval of changes in the methodology (or approval of a methodology if it had not been approved by the founding meeting) for determining the value of the shares in case of their buyback by the company on an unorganized securities market in accordance with the present Law;

15) the approval of the agenda for the general meeting of shareholders;

16) determination of the manner of providing shareholders with information on the activity of the company including determination on the mass media, unless this method has been determined by the charter of the company;

17) introduction and cancellation of a "golden share";

18) other matters, the adoption of decision on which are allocated by the present Law and/or the charter of the company to the exclusive competence of the general meeting of shareholders.

1-1. The provisions of Paragraph 1 of the present Article shall not be applied in determining the competence of the sole shareholder of a national management holding. The competence of the sole shareholder of a national management holding shall be determined by the Law of the Republic of Kazakhstan "On the Fund of National Welfare."

The provision of the present Paragraph does not extend to the national management holding in the area of the agro-industrial complex.

The peculiarities of the competence of the sole shareholder of a national management holdings or national holdings shall be established by the Law of the Republic of Kazakhstan "On State Property".

2. Decisions of the general meeting of shareholders on the matters indicated in subparagraphs (1)-(3) and (14) of Paragraph 1 of the present article shall be adopted by a supermajority of the overall number of voting shares of the company and in a company created as the result of transformation of an investment privatization fund, by a supermajority of the voting shares of the company represented at the meeting.

Decisions of the general meeting of shareholders on other matters shall be adopted by a simple majority of votes of the overall number of voting shares of the company participating in voting unless the present Law and/or the charter of the company have provided otherwise. The charter of the company may establish a greater number of votes as necessary for adopting decisions on other matters.

3. It is not allowed to transfer matters, the adoption of decisions on which is allocated to the exclusive competence of the general meeting of shareholders to the competence of other bodies, officials, or employees of the company, unless otherwise provided by the present Law or other legislative acts of the Republic of Kazakhstan.

13) определение формы извещения обществом акционеров о созыве общего собрания акционеров и принятие решения о размещении такой информации в средствах массовой информации;

14) утверждение изменений в методику (утверждение методики, если она не была утверждена учредительным собранием) определения стоимости акций при их выкупе обществом на неорганизованном рынке в соответствии с настоящим Законом;

15) утверждение повестки дня общего собрания акционеров;

16) определение порядка предоставления акционерам информации о деятельности общества, в том числе определение средства массовой информации, если такой порядок не определен уставом общества;

17) введение и аннулирование «золотой акции»;

18) иные вопросы, принятие решений по которым отнесено настоящим Законом и (или) уставом общества к исключительной компетенции общего собрания акционеров.

1-1. Положения пункта 1 настоящей статьи не применяются при определении компетенции единственного акционера национального управляющего холдинга. Компетенция единственного акционера национального управляющего холдинга устанавливается Законом Республики Казахстан «О Фонде национального благосостояния».

Положения настоящего пункта не распространяются на национальный управляющий холдинг в сфере агропромышленного комплекса.

2. Решения общего собрания акционеров по вопросам, указанным в подпунктах 1)-3) и 14) пункта 1 настоящей статьи, принимаются квалифицированным большинством от общего числа голосующих акций общества, а в обществе, созданном в результате преобразования инвестиционного приватизационного фонда, - квалифицированным большинством голосующих акций общества, представленных на собрании.

Решения общего собрания акционеров по иным вопросам принимаются простым большинством голосов от общего числа голосующих акций общества, участвующих в голосовании, если настоящим Законом и (или) уставом общества не установлено иное. При этом уставом общества может быть предусмотрено только большее количество голосов, необходимое для принятия решений по иным вопросам.

3. Не допускается передача вопросов, принятие решений по которым отнесено к исключительной компетенции общего собрания акционеров, в компетенцию других органов, должностных лиц и работников общества, если иное не предусмотрено настоящим Законом и иными законодательными актами Республики Казахстан.

4. The general meeting of shareholders has the power to vacate any decision of other bodies of the company on matters relating to the internal activity of the company, unless otherwise provided by the charter.

Article 37. Manner of Calling the General Meeting of Shareholders
1. The annual general meeting of shareholders shall be called by the board of directors.
2. An extraordinary general meeting of shareholders shall be called on the initiative:
1) of the board of directors;
2) of a major shareholder.
An extraordinary general meeting of shareholders of a company that is in the process of voluntary liquidation may be called, prepared, and conducted by the liquidation commission of the company.
Legislative acts of the Republic of Kazakhstan may provide cases for the obligatory calling of an extraordinary general meeting of shareholders.
3. The preparation and conduct of the annual meeting of shareholders shall be conducted by:
1) the executive body;
2) the registrar of the company in accordance with a contract concluded with him;
3) the board of directors;
4) the liquidation commission of the company.
4. Expenditures for the calling, preparation, and conduct of the general meeting of shareholders shall be borne by the company, with the exception of cases established by the present Law.
5. The annual general meeting of shareholders may be called and conducted on the basis of a decision of a court adopted on suit of any interested person in case of violation by the bodies of the company of the procedure for calling the annual general meeting of shareholders established by the present Law.
An extraordinary general meeting of shareholders of the company may be called and conducted on the basis of a decision of a court adopted on suit of a major shareholder of the company, if the bodies of the company did not fulfill his demand for the conduct of an extraordinary general meeting of shareholders.

Article 38. Peculiarities of the Calling and Conduct of an Extraordinary General Meeting of Shareholders on the Initiative of Major Shareholder
1. A demand of a major shareholder for the calling an extraordinary general meeting of shareholders shall be presented to the board of directors by the sending, to the place of location of the executive body of the company, of an appropriate written notice that must contain the agenda for this a meeting.

4. Общее собрание акционеров вправе отменить любое решение иных органов общества по вопросам, относящимся к внутренней деятельности общества, если иное не определено уставом.

Статья 37. Порядок созыва общего собрания акционеров

1. Годовое общее собрание акционеров созывается советом директоров.

2. Внеочередное общее собрание акционеров созывается по инициативе:

1) совета директоров;

2) крупного акционера.

Внеочередное общее собрание акционеров общества, находящегося в процессе добровольной ликвидации, может быть созвано, подготовлено и проведено ликвидационной комиссией общества.

Законодательными актами Республики Казахстан могут быть предусмотрены случаи обязательного созыва внеочередного общего собрания акционеров.

3. Подготовка и проведение общего собрания акционеров осуществляются:

1) исполнительным органом;

2) регистратором общества в соответствии с заключенным с ним договором;

3) советом директоров;

4) ликвидационной комиссией общества.

4. Расходы по созыву, подготовке и проведению общего собрания акционеров несет общество, за исключением случаев, установленных настоящим Законом.

5. Годовое общее собрание акционеров может быть созвано и проведено на основании решения суда, принятого по иску любого заинтересованного лица, в случае нарушения органами общества порядка созыва годового общего собрания акционеров, установленного настоящим Законом.

Внеочередное общее собрание акционеров общества может быть созвано и проведено на основании решения суда, принятого по иску крупного акционера общества, если органы общества не исполнили его требования о проведении внеочередного общего собрания акционеров.

Статья 38. Особенности созыва и проведения внеочередного общего собрания акционеров по инициативе крупного акционера

1. Требование крупного акционера о созыве внеочередного общего собрания акционеров предъявляется совету директоров посредством направления по месту нахождения исполнительного органа общества соответствующего письменного сообщения, которое должно содержать повестку дня такого собрания.

2. The board of directors of the company shall not have the right to make changes in the wording of agenda items nor to change the proposed manner of conducting an extraordinary general meeting of shareholders called on demand of a major shareholder.

In case of calling of an extraordinary general meeting of shareholders in accordance with a demand that has been presented, the board of directors shall have the right to supplement the agenda for the general meeting with any matters at its discretion.

3. In the event that the demand for the calling of an extraordinary general meeting of shareholders comes from a major shareholder (or shareholders), it must contain the names (or designations) of the shareholders (or shareholder) demanding the calling of such a meeting and an indication of the number and type of shares belonging to him.

A demand for the calling of an extraordinary general meeting of shareholders shall be signed by the person (or persons) demanding the calling of an extraordinary general meeting of shareholders.

4. The board of directors shall have the duty, within ten working days from the day of receipt of such demand, to adopt a decision and, no later than three working days from the time of adoption the decision, to send to the person who has presented this demand a communication on the adoption of a decision on the calling of an extraordinary general meeting of shareholders or on refusal to call it.

5. A decision of the board of directors of the company on the refusal to call an extraordinary general meeting of shareholders on demand of a major shareholder may be adopted in the event that :

1) the manner established by the present Article for presenting a demand for the calling of an extraordinary general meeting of shareholders was not observed;

2) the matters proposed for inclusion in the agenda for the extraordinary general meeting of shareholders do not meet the requirements of the legislation of the Republic of Kazakhstan.

The decision of the board of directors of the company on refusing to call an extraordinary general meeting of shareholders may be disputed in court.

6. In the event that, in the course of the time period established by the present Law, the board of directors has not adopted a decision on the calling of an extraordinary general meeting of shareholders on the demand presented, the person demanding its calling shall have the right to apply to court with a demand to require the company to make an extraordinary general meeting of shareholders.

2. Совет директоров общества не вправе вносить изменения в формулировки вопросов повестки дня и изменять предложенный порядок проведения внеочередного общего собрания акционеров, созываемого по требованию крупного акционера.

При созыве внеочередного общего собрания акционеров в соответствии с предъявленным требованием совет директоров вправе дополнить повестку дня общего собрания любыми вопросами по своему усмотрению.

3. В случае, если требование о созыве внеочередного общего собрания акционеров исходит от крупного акционера (акционеров), оно должно содержать имена (наименования) акционеров (акционера), требующего созыва такого собрания, и указание количества, вида принадлежащих ему акций.

Требование о созыве внеочередного общего собрания акционеров подписывается лицом (лицами), требующим созыва внеочередного общего собрания акционеров.

4. Совет директоров обязан в течение десяти рабочих дней со дня получения указанного требования принять решение и не позднее трех рабочих дней с момента принятия такого решения направить лицу, предъявившему это требование, сообщение о принятом решении о созыве внеочередного общего собрания акционеров либо об отказе в его созыве.

5. Решение совета директоров общества об отказе в созыве внеочередного общего собрания акционеров по требованию крупного акционера может быть принято в случае, если:

1) не соблюден установленный настоящей статьей порядок предъявления требования о созыве внеочередного общего собрания акционеров;

2) вопросы, предложенные для внесения в повестку дня внеочередного общего собрания акционеров, не соответствуют требованиям законодательства Республики Казахстан.

Решение совета директоров общества об отказе в созыве внеочередного общего собрания акционеров может быть оспорено в суде.

6. В случае, если в течение установленного настоящим Законом срока советом директоров общества не принято решение о созыве внеочередного общего собрания акционеров по представленному требованию, лицо, требующее его созыва, вправе обратиться в суд с требованием обязать общество провести внеочередное общее собрание акционеров.

Article 39. The List of Shareholders Having the Right to Participate in the General Meeting of Shareholders

1. The list of shareholders having the right to participate in the general meeting of shareholders and to vote at it shall be compiled by the registrar of the company on the basis of the data of the system of registers of holders of shares of the company. The date of compilation of such a list may not be established as earlier than the date of adoption of the decision on the conduction the general meeting.

The information that must be included in the list of shareholders shall be determined by the authorized body.

2. In the event that after the compilation of the list of shareholders having the right to participate in the general meeting of shareholders and to vote at it, a person included in this list alienated voting shares of the company that belonged to him, the right of participation in the general meeting shall pass to the new shareholder. In such case, documents must be presented confirming the right of ownership to the shares.

Article 40. The Date, Time, and Place of Conducting the General Meeting

1. The date and time for conducting the general meeting of shareholders must be determined such that the largest number of persons having the right to participate in the meeting may participate in it.

The general meeting of shareholders must be conducted at the city or town where the executive body of the company is located.

2. The time of the start of registration of participants in the meeting and the time of conducting the meeting must provide the counting commission of the company sufficient time for conducting registration, counting the number of participants in the meeting and determining the presence of a quorum for the meeting.

Article 41. Information on the Conduct of a General Meeting of Shareholders

1. Shareholders (including the holder of a "golden share") must be informed of the forthcoming holding of a general meeting not later than thirty calendar days in advance, and in case of absentee or mixed voting, not later than forty-five calendar days before the date of the meeting.

In the event of the conduct of a general meeting of the shareholders of a company that is a financial organization, in the agenda of which there is included the question of increasing the number of declared shares of the company for the purpose of meeting prudential and other norms and limits established by the legislation of the Republic of Kazakhstan on demand by the authorized body the shareholders (or the holder of the "golden share") must be notified on the upcoming conduct of a general meeting not later than ten days in advance and, in case of absentee or mixed voting, not later than 15 days in advance.

Статья 39. Список акционеров, имеющих право принимать участие в общем собрании акционеров

1. Список акционеров, имеющих право принимать участие в общем собрании акционеров и голосовать на нем, составляется регистратором общества на основании данных системы реестров держателей акций общества. Дата составления указанного списка не может быть установлена ранее даты принятия решения о проведении общего собрания.

Сведения, которые должны быть включены в список акционеров, определяются уполномоченным органом.

2. В случае, если после составления списка акционеров, имеющих право принимать участие в общем собрании акционеров и голосовать на нем, включенное в этот список лицо произвело отчуждение принадлежащих ему голосующих акций общества, право участия в общем собрании акционеров переходит к новому акционеру. При этом должны быть представлены документы, подтверждающие право собственности на акции.

Статья 40. Дата, время и место проведения общего собрания

1. Дата и время проведения общего собрания акционеров должны быть установлены таким образом, чтобы в собрании могло принять участие наибольшее количество лиц, имеющих право в нем участвовать.

Общее собрание акционеров должно проводиться в населенном пункте по месту нахождения исполнительного органа.

2. Время начала регистрации участников собрания и время проведения собрания должны обеспечить счетной комиссии общества достаточное время для проведения регистрации, подсчета числа участников собрания и определения наличия его кворума.

Статья 41. Информация о проведении общего собрания акционеров

1. Акционеры (владелец «золотой акции») должны быть извещены о предстоящем проведении общего собрания не позднее, чем за тридцать календарных дней, а в случае заочного или смешанного голосования - не позднее, чем за сорок пять календарных дней до даты проведения собрания.

В случае проведения общего собрания акционеров общества, являющегося финансовой организацией, в повестку дня которого включен вопрос об увеличении количества объявленных акций общества в целях исполнения пруденциальных и иных, установленных законодательством Республики Казахстан, норм и лимитов, по требованию уполномоченного органа акционеры (владелец «золотой акции») должны быть извещены о предстоящем проведении общего собрания не позднее, чем за десять рабочих дней, а в случае заочного или смешанного голосования - не позднее, чем за пятнадцать рабочих дней до даты проведения собрания.

2. Notice of the conduct of the general meeting of shareholders must be published in the mass media or sent to them. If the number of shareholders of the company does not exceed fifty shareholders, the notice must be in the form of a written notice sent to a shareholder.

3. The notice of the conduct of the general meeting of shareholders of the company must contain:

1) the full designation and place of location of the executive body of the company;

2) information on the initiator of the calling of the meeting;

3) the date, time, and place of the conduct of the general meeting of shareholders of the company, the time of the start of registration of participants in the meeting and the date and time of the conduct of a repeat general meeting of the shareholders of the company that must be conducted if the first meeting does not take place;

4) the date of compiling the list of shareholders having the right to participate in the general meeting of shareholders;

5) the agenda for the general meeting of shareholders;

6) the manner of familiarizing shareholders of the company with materials on matters of the agenda of the general meeting of shareholders;

7) if the given company is an investment privatization fund or was created as the result of the transformation of an investment privatization fund – the full designation of the fund and the number of the license issued to it.

4. A minority shareholder shall have the right to apply to the registrar of the company for the purpose of joining with other shareholders in the adoption of decisions on the matters indicated in the agenda for the general meeting of shareholders.

The manner of application by a minority shareholder and the distribution of information by the registrar of the company to other shareholders shall be established by the contract on the conduct of the system of registers of the holders of securities.

Article 42. Repeat General Meeting of Shareholders

1. The conduct of a repeat general meeting of shareholders may be designated no earlier than the day following the date established for the original general meeting of shareholders that did not take place.

2. The repeat general meeting of shareholders must be conducted in the same place as the general meeting of shareholders that did not take place.

3. The agenda for the repeat general meeting of shareholders must not differ from the agenda for the general meeting of shareholders that did not take place.

2. Извещение о проведении общего собрания акционеров должно быть опубликовано в средствах массовой информации либо направлено им. Если количество акционеров компании не превышает пятидесяти акционеров, извещение должно быть доведено до сведения акционера посредством направления ему письменного извещения.

3. Извещение о проведении общего собрания акционеров общества должно содержать:

1) полное наименование и место нахождения исполнительного органа общества;

2) сведения об инициаторе созыва собрания;

3) дату, время и место проведения общего собрания акционеров общества, время начала регистрации участников собрания, а также дату и время проведения повторного общего собрания акционеров общества, которое должно быть проведено, если первое собрание не состоится;

4) дату составления списка акционеров, имеющих право на участие в общем собрании акционеров;

5) повестку дня общего собрания акционеров;

6) порядок ознакомления акционеров общества с материалами по вопросам повестки дня общего собрания акционеров;

7) если данное общество является инвестиционным приватизационным фондом или было создано в результате преобразования инвестиционного приватизационного фонда, - полное наименование фонда и номер выданной ему лицензии.

4. Миноритарный акционер вправе обратиться к регистратору общества в целях объединения с другими акционерами при принятии решений по вопросам, указанным в повестке дня общего собрания акционеров.

Порядок обращения миноритарного акционера и распространения информации регистратором общества другим акционерам устанавливается договором по ведению системы реестров держателей ценных бумаг.

Статья 42. Повторное общее собрание акционеров

1. Проведение повторного общего собрания акционеров может быть назначено не ранее чем на следующий день после установленной даты проведения первоначального (несостоявшегося) общего собрания акционеров.

2. Повторное общее собрание акционеров должно проводиться в том месте, где и несостоявшееся общее собрание акционеров.

3. Повестка дня повторного общего собрания акционеров не должна отличаться от повестки дня несостоявшегося общего собрания акционеров.

Article 43. Agenda for the General Meeting of Shareholders

1. The agenda for the general meeting of shareholders shall be formed by the board of directors and must contain an exhaustive list of concretely formulated matters to be taken up for consideration.

The agenda for the general meeting of shareholders may be supplemented by a major shareholder or the board of directors on the condition that the shareholders of the company are notified of such supplements not later than fifteen days before the date of conduct of general meeting or in the manner established by Paragraph 4 of the present Article.

2. At the opening of a general meeting of shareholders conducted in person, the board of directors must report on proposals received by them for changing the agenda.

3. The approval of the agenda for the general meeting of shareholders shall be conducted by a majority of votes of the general meeting of shareholders that are made at the meeting.

4. Changes and/or additions to the agenda may be made if the majority of shareholders (or their representatives) participating in the general meeting and holding in total not less than 95 percent of the voting shares of company have voted for making them.

The agenda may be supplemented by a matter, the decision on which may limit the rights of shares holding preferred shares, if not less than two-thirds of the total number of distributed (less bought out) preferred shares have voted for the introduction of this matter.

In case of adoption of a decision by the general meeting of shareholders by absentee voting, the agenda for the general meeting of shareholders may not be changed and/or supplemented.

5. The general meeting of shareholders shall not have the right to consider matters not included on its agenda nor to take new decisions on them.

6. It is forbidden to use wording in the agenda with a broad meaning, including "various," "other," "others," or analogous wording.

Article 44. Materials on Matters of the Agenda for the General Meeting of Shareholders

1. Materials on matters of the agenda for the general meeting of shareholders must contain information in the scope necessary for the adoption of well-grounded decisions on the given matters

2. Materials on matters of the election of bodies of the company must contain the following information on the proposed candidates:

1) name, last name, and, optionally, patronymic;

2) information on education;

2-1) information on affiliation to the company;

Статья 43. Повестка дня общего собрания акционеров

1. Повестка дня общего собрания акционеров формируется советом директоров и должна содержать исчерпывающий перечень конкретно сформулированных вопросов, выносимых на обсуждение.

Повестка дня общего собрания акционеров может быть дополнена крупным акционером или советом директоров при условии, что акционеры общества извещены о таких дополнениях не позднее чем за пятнадцать дней до даты проведения общего собрания или в порядке, установленном пунктом 4 настоящей статьи.

2. При открытии общего собрания акционеров, проводимого в очном порядке, совет директоров обязан доложить о полученных им предложениях по изменению повестки дня.

3. Утверждение повестки дня общего собрания акционеров осуществляется большинством голосов от общего числа голосующих акций общества, представленных на собрании.

4. В повестку дня могут вноситься изменения и (или) дополнения, если за их внесение проголосовало большинство акционеров (или их представителей), участвующих в общем собрании акционеров и владеющих в совокупности не менее чем девяноста пятью процентами голосующих акций общества.

Повестка дня может быть дополнена вопросом, решение по которому может ограничить права акционеров, владеющих привилегированными акциями, если за его внесение проголосовали не менее чем две трети от общего количества размещенных (за вычетом выкупленных) привилегированных акций.

При принятии решения общим собранием акционеров посредством заочного голосования повестка дня общего собрания акционеров не может быть изменена и (или) дополнена.

5. Общее собрание акционеров не вправе рассматривать вопросы, не включенные в его повестку дня, и принимать по ним решения.

6. Запрещается использовать в повестке дня формулировки с широким пониманием, включая «разное», «иное», «другие» и аналогичные им формулировки.

Статья 44. Материалы по вопросам повестки дня общего собрания акционеров

1. Материалы по вопросам повестки дня общего собрания акционеров должны содержать информацию в объеме, необходимом для принятия обоснованных решений по данным вопросам.

2. Материалы по вопросам избрания органов общества должны содержать следующую информацию о предлагаемых кандидатах:

1) фамилию, имя, а также по желанию - отчество;

2) сведения об образовании;

2-1) сведения об аффилированности к обществу;

3) information on the places of work and positions occupied during the last three years;

4) other information confirming the qualification and work experience of the candidates.

In case of inclusion in the agenda of a general meeting of shareholders of the matter of the election of the board of directors of the company (or the election of a new member of the board of directors), there must be an indication in the materials as to which shareholder the proposed candidate for membership in the board of directors is a representative of or if he is a candidate for the position of independent director of the company. If the candidate for membership in the board of directors is a shareholder or physical person indicated in subparagraph 3 of Paragraph 2 of Article 54 of the present Law, then this information is also subject to indication in the materials with the inclusion of data on the size of the holding by the shareholder of voting shares of the company on the date of formation of the list of shareholders.

3. Materials on matters of the agenda for the annual general meeting of shareholders must include:

1) the annual financial reporting of the company;

2) an auditor's report on the annual financial reporting;

3) proposals of the board of directors on the manner of distribution of the net income of the company for the past financial year and the size of the dividend for the year per common share of the company;

3-1) information on communications from shareholders concerning actions of the company and its officials and the results of their consideration;

3-2) in public companies, a report of the board of directors of its activity for the reporting period;

4) other documents at the discretion of the initiator of the conduct of the general meeting of shareholders.

4. Materials on matters of the agenda for the annual meeting of shareholders must be ready and accessible at the place of location of the executive body of the company for familiarization by the shareholders not later than ten days before the date of the meeting and if there is a request from a shareholder – sent to him in the course of three working days from the day of receipt of the request; expenditures for the preparation of copies of documents and delivery of documents shall be borne by the shareholder unless otherwise provided by the charter.

Article 45. Quorum of the General Meeting of Shareholders

1. The general meeting of shareholders shall have authority power to consider and to adopt decisions on matters of the agenda if at the time of the end of the registration of the participants in the meeting there are registered shareholders or their representatives included in the list of shareholders having the right to take part in and to vote at it that jointly hold fifty or more percent of the voting shares of the company.

3) сведения о местах работы и занимаемых должностях за последние три года;

4) иную информацию, подтверждающую квалификацию, опыт работы кандидатов.

В случае включения в повестку дня общего собрания акционеров вопроса об избрании совета директоров общества (избрании нового члена совета директоров) в материалах должно быть указано, представителем какого акционера является предлагаемый кандидат в члены совета директоров или является ли он кандидатом на должность независимого директора общества. В случае если кандидат в члены совета директоров является акционером либо физическим лицом, указанным в подпункте 3) пункта 2 статьи 54 настоящего Закона, то эти сведения также подлежат указанию в материалах с включением данных о доле владения акционером голосующими акциями общества на дату формирования списка акционеров.

3. Материалы по вопросам повестки дня годового общего собрания акционеров должны включать:

1) годовую финансовую отчетность общества;

2) аудиторский отчет к годовой финансовой отчетности;

3) предложения совета директоров о порядке распределения чистого дохода общества за истекший финансовый год и размере дивиденда за год в расчете на одну простую акцию общества;

3-1) информацию об обращениях акционеров на действия общества и его должностных лиц и итогах их рассмотрения;

3-2) в публичных компаниях отчет совета директоров о своей деятельности за отчетный период;

4) иные документы по усмотрению инициатора проведения общего собрания акционеров.

4. Материалы по вопросам повестки дня общего собрания акционеров должны быть готовы и доступны по месту нахождения исполнительного органа общества для ознакомления акционеров не позднее чем за десять дней до даты проведения собрания, а при наличии запроса акционера - направлены ему в течение трех рабочих дней со дня получения запроса; расходы за изготовление копий документов и доставку документов несет акционер, если иное не предусмотрено уставом.

Статья 45. Кворум общего собрания акционеров

1. Общее собрание акционеров вправе рассматривать и принимать решения по вопросам повестки дня, если на момент окончания регистрации участников собрания зарегистрированы акционеры или их представители, включенные в список акционеров, имеющих право принимать участие в нем и голосовать на нем, владеющие в совокупности пятьюдесятью и более процентами голосующих акций общества.

2. A repeat general meeting of shareholders conducted in place of one that did not take place shall have the right to consider the matters of the agenda and to adopt decisions on them, if:

1) the manner of calling the general meeting of shareholders that did not take place by reason of the absence of a quorum was observed;

2) at the time of the end of registration shareholders (or their representatives) jointly hold forty or more percent of voting shares are registered for participation in it, including shareholders voting absentee.

The charter of a company with ten thousand or more shareholders may provide a smaller (not less than fifteen percent of the voting shares of the company) quorum for the conduct of a repeat general meeting of shareholders.

3. A repeat general meeting of shareholders in a company created as the result of the reorganization and re-registration of an investment privatization fund shall have the right to consider matters and adopt decisions on matters of the agenda if at the time of the end of registration of participants in it not less than five hundred shareholders (or their representatives) holding voting shares of the company are registered.

4. In case of sending absentee ballots to shareholders, the votes represented by these ballots and received by the company at the time of registration of participants in the general meeting shall be counted in determination of the quorum and calculating the results of voting.

In the event that a quorum is lacking at a general meeting of shareholders by absentee balloting a repeat general meeting of shareholders shall not be conducted.

Article 46. The Counting Commission

1. A counting commission shall be elected at the general meeting of shareholders of a company with one hundred or more shareholders.

In a company with less than one hundred shareholders the function of a counting commission shall be exercised by the secretary of the general meeting of shareholders. The function of an accounting commission at the first general meeting of shareholders shall be conducted by the registrar of the company.

By decision of the general meeting of shareholders, the function of the counting commission may be placed on the registrar of the company.

2. The counting commission must consist of not less than three persons. The counting commission may not include members of collective bodies of the company nor a person solely exercising the functions of the executive body of a company.

2. Повторное общее собрание акционеров, проводимое вместо несостоявшегося, вправе рассматривать вопросы повестки дня и принимать по ним решения, если:

1) был соблюден порядок созыва общего собрания акционеров, которое не состоялось по причине отсутствия кворума;

2) на момент окончания регистрации для участия в нем зарегистрированы акционеры (или их представители), владеющие в совокупности сорока и более процентами голосующих акций общества, в том числе заочно голосующие акционеры.

Уставом общества с числом акционеров десять тысяч и более может быть предусмотрен меньший (не менее пятнадцати процентов голосующих акций общества) кворум для проведения повторного общего собрания акционеров.

3. Повторное общее собрание акционеров в обществе, созданном в результате реорганизации и перерегистрации инвестиционного приватизационного фонда, вправе рассматривать вопросы и принимать решения по вопросам повестки дня, если на момент окончания регистрации участников собрания для участия в нем зарегистрировано не менее пятисот акционеров (или их представителей), владеющих голосующими акциями общества.

4. В случае направления акционерам бюллетеней для заочного голосования голоса, представленные указанными бюллетенями и полученные обществом к моменту регистрации участников общего собрания, учитываются при определении кворума и подведении итогов голосования.

В случае отсутствия кворума при проведении общего собрания акционеров путем заочного голосования повторное общее собрание акционеров не проводится.

Статья 46. Счетная комиссия

1. Счетная комиссия избирается на общем собрании акционеров общества, число акционеров которого составляет сто и более.

В обществе с числом акционеров менее ста функции счетной комиссии осуществляются секретарем общего собрания акционеров. Функции счетной комиссии на первом общем собрании акционеров осуществляет регистратор общества.

По решению общего собрания акционеров функции счетной комиссии могут быть возложены на регистратора общества.

2. Счетная комиссия должна состоять не менее чем из трех человек. В счетную комиссию не могут входить члены коллегиальных органов общества, а также лицо, единолично осуществляющее функции исполнительного органа общества.

In case of the absence of a member of the counting commission during the time of conduct of the general meeting of shareholders the supplementary election of a member of the accounting commission for the time of conducting the meeting is permitted.

3. The counting commission:

1) verifies the authorities of persons arriving for participation in the general meeting of shareholders;

2) registers participants in the general meeting of shareholders and provides them with materials on matters of the agenda for the general meeting of shareholders;

3) determines the validity of ballots received for absentee voting and counts the number of valid ballots and the votes indicated in them on each matter of the agenda.

4) determines the presence of a quorum of the general meeting of shareholders including during the entire course of the meeting and declares the presence or absence of a quorum;

5) explains matters of the implementation of the rights of shareholders at the general meeting of shareholders;

6) counts votes on the matters considered by the general meeting of shareholders and calculates the results of voting;

7) compiles the minutes of the results of voting at the general meeting of shareholders;

8) transfers the ballots for voting and the minutes of the results of voting to the archive of the company.

4. The counting commission ensures the confidentiality of the information contained in the filled-out ballots for voting at the general meeting of shareholders.

Article 47. Representation at the General Meeting of Shareholders

1. A shareholder shall have the right to participate in the general meeting of shareholders and to vote on the matters to be considered personally or through his representative.

Members of the executive body of the company do not have the right to act as representatives of shareholders at the general meeting of shareholders.

Employees of the company shall not have the right to act as representatives of shareholders at the general meeting of shareholders, except when such representation is based on power of attorney, containing specific instructions for voting on all matters on the agenda of the general meeting of shareholders.

В случае отсутствия члена счетной комиссии во время проведения общего собрания акционеров разрешается дополнительное избрание члена счетной комиссии на время проведения собрания.

3. Счетная комиссия:

1) проверяет полномочия лиц, прибывших для участия в общем собрании акционеров;

2) регистрирует участников общего собрания акционеров и выдает им материалы по вопросам повестки дня общего собрания акционеров;

3) определяет действительность полученных бюллетеней для заочного голосования и подсчитывает количество действительных бюллетеней и указанные в них голоса по каждому вопросу повестки дня;

4) определяет наличие кворума общего собрания акционеров, в том числе и в течение всего времени проведения собрания, и объявляет о наличии или отсутствии кворума;

5) разъясняет вопросы реализации прав акционеров на общем собрании акционеров;

6) подсчитывает голоса по вопросам, рассмотренным общим собранием акционеров, и подводит итоги голосования;

7) составляет протокол об итогах голосования на общем собрании акционеров;

8) передает в архив общества бюллетени для голосования и протокол об итогах голосования.

4. Счетная комиссия обеспечивает конфиденциальность информации, содержащейся в заполненных бюллетенях для голосования на общем собрании акционеров.

Статья 47. Представительство на общем собрании акционеров

1. Акционер имеет право участвовать в общем собрании акционеров и голосовать по рассматриваемым вопросам лично или через своего представителя.

Члены исполнительного органа общества не имеют права выступать в качестве представителей акционеров на общем собрании акционеров.

Работники общества не имеют права выступать в качестве представителей акционеров на общем собрании акционеров, за исключением случаев, когда такое представительство основано на доверенности, содержащей четкие указания о голосовании по всем вопросам повестки дня общего собрания акционеров.

2. No power of attorney is required for participation in a general meeting of shareholders nor for voting on the matters considered for a person that, in accordance with the legislation of the Republic of Kazakhstan or a contract, has the right to act without a power of attorney in the name of a shareholder or a representative of his interests.

Article 48. Manner of Conducting the General Meeting of Shareholders

1. The manner of conducting the general meeting of shareholders shall be determined in accordance with the present Law, the charter and other documents of the company regulating the internal activity of the company or directly by a decision of the general meeting of shareholders.

2. Before the opening of the general meeting of shareholders registration of arriving shareholders (and of representatives of shareholders) shall be conducted. A representative of a shareholder must furnish a power of attorney confirming his powers for participation and voting at the general meeting of shareholders.

A shareholder (or representative of a shareholder) who has not undergone registration shall not be considered in determining a quorum and shall not have the right to participate in voting.

A shareholder of the company who is owner of preferred shares shall have the right to be present at a general meeting of shareholders conducted in person and to participate in the discussion of the matters considered by it.

Unless otherwise provided by the charter of the company or decision of a general meeting of shareholders conducted in person other persons may be present at it without an invitation. The right of such persons to speak at the general meeting of shareholders shall be established by the charter of the company or by decision of the general meeting of shareholders.

3. The general meeting of shareholders shall be opened at the announced time subject to the presence of a quorum.

The general meeting of shareholders may not be opened earlier than the announced time, with the exception of cases when all shareholders (or their representatives) are already registered, informed, and do not object to changing the time of opening the meeting.

4. The general meeting of shareholders shall hold elections of a chairman (or presidium) and a secretary of the general meeting.

The general meeting of shareholders shall determine the form of voting – open or secret (by ballots). If the charter of the company does not provide otherwise, in voting on the matter of election of a chairman (or presidium) and secretary of the general meeting of shareholders, each shareholder shall have one vote and a decision shall be taken at the meeting of shareholders by a simple majority of the number present.

2. Не требуется доверенность на участие в общем собрании акционеров и голосование по рассматриваемым вопросам для лица, имеющего в соответствии с законодательством Республики Казахстан или договором право действовать без доверенности от имени акционера или представлять его интересы.

Статья 48. Порядок проведения общего собрания акционеров

1. Порядок проведения общего собрания акционеров определяется в соответствии с настоящим Законом, уставом и иными документами общества, регулирующими внутреннюю деятельность общества, либо непосредственно решением общего собрания акционеров.

2. До открытия общего собрания акционеров проводится регистрация прибывших акционеров (их представителей). Представитель акционера должен предъявить доверенность, подтверждающую его полномочия на участие и голосование на общем собрании акционеров.

Акционер (представитель акционера), не прошедший регистрацию, не учитывается при определении кворума и не вправе принимать участие в голосовании.

Акционер общества, являющийся собственником привилегированных акций, вправе присутствовать на общем собрании акционеров, проводимом в очном порядке, и участвовать в обсуждении рассматриваемых им вопросов.

Если иное не установлено уставом общества или решением общего собрания акционеров, проводимого в очном порядке, на нем могут присутствовать без приглашения иные лица. Право таких лиц выступать на общем собрании акционеров устанавливается уставом общества или решением общего собрания акционеров.

3. Общее собрание акционеров открывается в объявленное время при наличии кворума.

Общее собрание акционеров не может быть открыто ранее объявленного времени, за исключением случая, когда все акционеры (их представители) уже зарегистрированы, уведомлены и не возражают против изменения времени открытия собрания.

4. Общее собрание акционеров проводит выборы председателя (президиума) и секретаря общего собрания.

Общее собрание акционеров определяет форму голосования - открытое или тайное (по бюллетеням). Если уставом общества не предусмотрено иное, при голосовании по вопросу об избрании председателя (президиума) и секретаря общего собрания акционеров каждый акционер имеет один голос, а решение принимается простым большинством голосов от числа присутствующих.

Members of the executive body may not chair the general meeting of shareholders with the exception of cases when all shareholders present at the meeting are on the executive body.

5. In the course of conducting the general meeting of shareholders, its chair shall have the right to put to a vote a proposal on terminating discussion on a matter of consideration and also on changing the manner of voting on it.

The chairman shall not have the right to prevent a person having the right to participate in the discussion of matters on the agenda from speaking, with the exception of cases when such speaking would lead to a violation of the rules of the general meeting of shareholders or when discussions on the given matter have been terminated.

6. The general meeting of shareholders shall have the power to adopt a decision on a recess in its work and on extending the time period of work, including on transfer of the consideration of specific matters of the agenda for the general meeting of shareholders to the following day.

7. The general meeting of shareholders may be declared closed only after the consideration of all matters of the agenda and the adoption of decisions on them.

8. The secretary of the general meeting of shareholders shall be responsible for the completeness and accuracy of information reflected in the minutes of the general meeting of shareholders.

Article 49. Adoption of Decisions of the General Meeting of Shareholders by Means of Absentee Voting

1. Decisions of the general meeting of shareholders may be adopted by means of absentee voting. Absentee voting may be adopted together with voting by shareholders present at the general meeting of shareholders (mixed voting) or without the conduct of a session of the general meeting of shareholders.

2. The charter of the company, with the exception of public companies, may establish a prohibition on the adoption by means of absentee voting of decisions on all or some matters of the agenda for the general meeting of shareholders.

3. In case of conducting absentee voting, ballots for voting of a uniform form shall be sent (or handed out) to the persons that are included in the list of shareholders.

The company shall not have the right to selectively send individual shareholders ballots for voting with the purpose of exerting influence on the results of voting at the general meeting of shareholders.

Члены исполнительного органа не могут председательствовать на общем собрании акционеров, за исключением случаев, когда все присутствующие на собрании акционеры входят в исполнительный орган.

5. В ходе проведения общего собрания акционеров его председатель вправе вынести на голосование предложение о прекращении прений по рассматриваемому вопросу, а также об изменении способа голосования по нему.

Председатель не вправе препятствовать выступлениям лиц, имеющих право участвовать в обсуждении вопроса повестки дня, за исключением случаев, когда такие выступления ведут к нарушению регламента общего собрания акционеров или когда прения по данному вопросу прекращены.

6. Общее собрание акционеров вправе принять решение о перерыве в своей работе и о продлении срока работы, в том числе о переносе рассмотрения отдельных вопросов повестки дня общего собрания акционеров на следующий день.

7. Общее собрание акционеров может быть объявлено закрытым только после рассмотрения всех вопросов повестки дня и принятия решений по ним.

8. Секретарь общего собрания акционеров отвечает за полноту и достоверность сведений, отраженных в протоколе общего собрания акционеров.

Статья 49. Принятие решений общим собранием акционеров посредством заочного голосования

1. Решения общего собрания акционеров могут быть приняты посредством проведения заочного голосования. Заочное голосование может применяться вместе с голосованием акционеров, присутствующих на общем собрании акционеров (смешанное голосование), либо без проведения заседания общего собрания акционеров.

2. Уставом общества, за исключением публичных компаний, может быть установлен запрет на принятие посредством заочного голосования решений по всем или отдельным вопросам повестки дня общего собрания акционеров.

3. При проведении заочного голосования бюллетени для голосования единой формы рассылаются (раздаются) лицам, которые включены в список акционеров.

Общество не вправе избирательно направлять отдельным акционерам бюллетени для голосования с целью оказания влияния на результаты голосования на общем собрании акционеров.

4. The ballot for voting must be sent to persons included in the list of shareholders not later than forty-five days before the date of conducting the general meeting of shareholders. In case of absentee voting without the conducting of a general meeting of shareholders, a company with five hundred or more shareholders must publish in the mass media determined by the charter, the ballot for absentee voting at the general meeting of shareholders together with notice on the conduct of the general meeting of shareholders.

5. The ballot for absentee voting must contain:

1) the full designation and place of location of the executive body of the company;

2) information on the initiator of the calling of the meeting;

3) the final date for presenting ballots for absentee voting;

4) the date of conducting the session of the general meeting or the date of counting votes for absentee voting without the conduct of a session of the general meeting of shareholders;

5) the agenda for the general meeting of shareholders;

6) the names of candidates proposed for election if the agenda for the general meeting of shareholders contains matters of the election of members of the board of directors;

7) the formulation of matters on which voting will be conducted;

8) options of voting on each matter of the agenda for the general meeting expressed with the words "for," "against," and "abstained";

9) an explanation of the manner of voting (filling out the ballot) for each matter of the agenda.

6. The ballot for absentee voting must be signed by the shareholder who is a physical person with an indication of information on the document certifying the identity of this person.

A ballot for absentee voting of a shareholder that is a legal person must be signed by its head and verified by the stamp of this legal person.

A ballot without the signature of a shareholder who is a physical person or of the head of a shareholder that is a legal person or without the stamp of the legal person shall be considered invalid.

In counting votes, votes shall be counted on those maters on which the shareholder has observed the manner of voting defined in the ballot and has marked only one of the possible voting options.

7. If the agenda of the general meeting of shareholders contains matters on the election of members of the board of directors, the ballot for absentee voting must contain fields for the indication of the number of votes cast for individual candidates.

4. Бюллетень для голосования должен быть направлен лицам, включенным в список акционеров, не позднее чем за сорок пять дней до даты проведения заседания общего собрания акционеров. При заочном голосовании без проведения общего собрания акционеров общество с числом акционеров пятьсот и более обязано опубликовать в средствах массовой информации, определенных уставом, бюллетень для заочного голосования на общем собрании акционеров вместе с извещением о проведении общего собрания акционеров.

5. Бюллетень для заочного голосования должен содержать:

1) полное наименование и место нахождения исполнительного органа общества;

2) сведения об инициаторе созыва собрания;

3) окончательную дату представления бюллетеней для заочного голосования;

4) дату проведения заседания общего собрания акционеров либо дату подсчета голосов для заочного голосования без проведения заседания общего собрания акционеров;

5) повестку дня общего собрания акционеров;

6) имена предлагаемых к избранию кандидатов, если повестка дня общего собрания акционеров содержит вопросы об избрании членов совета директоров;

7) формулировку вопросов, по которым производится голосование;

8) варианты голосования по каждому вопросу повестки дня общего собрания акционеров, выраженные словами «за», «против», «воздержался»;

9) разъяснение порядка голосования (заполнения бюллетеня) по каждому вопросу повестки дня.

6. Бюллетень для заочного голосования должен быть подписан акционером - физическим лицом с указанием сведений о документе, удостоверяющем личность данного лица.

Бюллетень для заочного голосования акционера - юридического лица должен быть подписан его руководителем и заверен печатью юридического лица.

Бюллетень без подписи акционера - физического лица либо руководителя акционера - юридического лица, а также без печати юридического лица считается недействительным.

При подсчете голосов учитываются голоса по тем вопросам, по которым акционером соблюден порядок голосования, определенный в бюллетене, и отмечен только один из возможных вариантов голосования.

7. Если повестка дня общего собрания акционеров содержит вопросы об избрании членов совета директоров, бюллетень для заочного голосования должен содержать поля для указания количества голосов, поданных за отдельных кандидатов.

7-1. If in the conduct of the general meeting of shareholders by absentee voting properly filled-out ballots have arrived from all the shareholders before the designated date for counting votes, then the votes may be counted before the date that is reflected in the record of the results of voting.

8. If a shareholder who previously requested a ballot for absentee voting has come to participate and vote at a general meeting of shareholders at which mixed voting is used, his ballot shall not be counted in determining the quorum of the general meeting of shareholders and the counting of votes on matters of the agenda.

Article 50. Voting at the General Meeting of Shareholders

1. Voting at the general meeting of shareholders shall be conducted according to the principle "one share – one vote," with the exception of the following cases:

1) limitation of the maximum number of votes on shares granted to one shareholder in cases provided by legislative acts of the Republic of Kazakhstan;

2) cumulative voting in the election of members of the board of directors;

3) granting to each person having the right to vote at the general meeting of shareholders one vote on procedural matters of conducting the general meeting of shareholders.

2. In cumulative voting, the votes granted per share may be cast by the shareholder completely for one candidate for membership in the board of directors or distributed by the shareholder among several candidates for membership in the board of directors. Candidates for whom the largest number of votes were cast shall be considered elected to the board of directors.

3. In the event that voting at the general meeting of shareholders conducted in person is done in a secret manner, the ballots for this voting (hereinafter in this Article – ballots for in-person secret voting) must be prepared for each separate matter on which voting is conducted in a secret manner. In such case, a ballot for in-person secret voting must contain:

1) a statement of the matter or its order number in the agenda of the meeting;

2) the options of voting on the matter expressed by the words "for," "against," and "abstained" or options of voting for each candidate for bodies of the company;

3) the number of votes belonging to the shareholder.

7-1. Если при проведении общего собрания акционеров путем заочного голосования заполненные должным образом бюллетени поступили от всех акционеров раньше назначенной даты подсчета голосов, то допускается подсчет голосов более ранней датой, что отражается в протоколе об итогах голосования.

8. Если акционер, ранее направивший бюллетень для заочного голосования, прибыл для участия и голосования на общем собрании акционеров, на котором используется смешанное голосование, его бюллетень не учитывается при определении кворума общего собрания акционеров и подсчете голосов по вопросам повестки дня.

Статья 50. Голосование на общем собрании акционеров

1. Голосование на общем собрании акционеров осуществляется по принципу «одна акция - один голос», за исключением следующих случаев:

1) ограничения максимального количества голосов по акциям, предоставляемых одному акционеру в случаях, предусмотренных законодательными актами Республики Казахстан;

2) кумулятивного голосования при избрании членов совета директоров;

3) предоставления каждому лицу, имеющему право голосовать на общем собрании акционеров, по одному голосу по процедурным вопросам проведения общего собрания акционеров.

2. При кумулятивном голосовании предоставляемые по акции голоса могут быть отданы акционером полностью за одного кандидата в члены совета директоров или распределены им между несколькими кандидатами в члены совета директоров. Избранными в совет директоров признаются кандидаты, за которых было отдано наибольшее количество голосов.

3. В случае, если голосование на общем собрании акционеров, проводимом в очном порядке, осуществляется тайным способом, бюллетени для такого голосования (далее в настоящей статье - бюллетени для очного тайного голосования) должны быть составлены по каждому отдельному вопросу, по которому голосование осуществляется тайным способом. При этом бюллетень для очного тайного голосования должен содержать:

1) формулировку вопроса или его порядковый номер в повестке дня собрания;

2) варианты голосования по вопросу, выраженные словами «за», «против», «воздержался», или варианты голосования по каждому кандидату в органы общества;

3) количество голосов, принадлежащих акционеру.

4. A ballot for in-person secret voting shall not be signed by the shareholder with the exception of the case when the shareholder himself expressed the wish to sign the vote, including for purposes of presenting to the company a demand for a buyout of the shares belonging to him in accordance with the present Law.

In counting votes on ballots for secret voting, votes shall be counted on those matters on which the voter observed the manner of voting defined in the ballot and marked only one of the possible options of voting.

Article 51. Minutes of the Results of Voting

1. The counting commission shall compile and sign minutes on the results of voting.

2. If the shareholder has made a dissent with respect to a matter put forth for voting, the counting commission must make a corresponding record in the report.

3. After the compilation and signature of the minutes on the results of voting the filled-out ballots for in-person secret and absentee voting (including ballots found invalid) on the basis of which the minutes were compiled shall be sewn together with the minutes and stored at the company.

4. The minutes on the results of voting are to be combined with the minutes of the general meeting of shareholders.

5. The results of voting shall be announced at the general meeting of shareholders in the course of which voting has taken place.

6. The results of voting of the general meeting of shareholders or the results of absentee voting shall be brought to the attention of shareholders by publication of them in the mass media or by furnishing written notices to each shareholder within fifteen calendar days after the closing of the general meeting of shareholders.

The manner of notification of shareholders on the results of voting shall be determined by the charter of the company.

Article 52. Minutes of the General Meeting of Shareholders

1. The minutes of the general meeting of shareholders must be compiled and signed within three working days after the closing of the meeting.

2. The minutes of the general meeting of shareholders shall indicate:

1) the full designation and place of location of the executive body of the company;

2) the date, time, and place of conduct of the general meeting of shareholders;

3) information on the number of voting shares of the company represented at the general meeting of shareholders;

4) the quorum of the general meeting of shareholders;

4. Бюллетень для очного тайного голосования не подписывается акционером, за исключением случая, когда акционер сам изъявил желание подписать бюллетень, в том числе в целях предъявления обществу требования о выкупе принадлежащих ему акций в соответствии с настоящим Законом.

При подсчете голосов по бюллетеням для очного тайного голосования учитываются голоса по тем вопросам, по которым голосующим соблюден порядок голосования, определенный в бюллетене, и отмечен только один из возможных вариантов голосования.

Статья 51. Протокол об итогах голосования

1. По итогам голосования счетная комиссия составляет и подписывает протокол об итогах голосования.

2. При наличии у акционера особого мнения по вынесенному на голосование вопросу счетная комиссия общества обязана внести в протокол соответствующую запись.

3. После составления и подписания протокола об итогах голосования заполненные бюллетени для очного тайного и заочного голосования (в том числе и бюллетени, признанные недействительными), на основании которых был составлен протокол, прошиваются вместе с протоколом и хранятся в обществе.

4. Протокол об итогах голосования подлежит приобщению к протоколу общего собрания акционеров.

5. Итоги голосования оглашаются на общем собрании акционеров, в ходе которого проводилось голосование.

6. Итоги голосования общего собрания акционеров или результаты заочного голосования доводятся до сведения акционеров посредством опубликования их в средствах массовой информации или направления письменного уведомления каждому акционеру в течение пятнадцати календарных дней после закрытия общего собрания акционеров.

Порядок уведомления акционеров об итогах голосования определяется уставом общества.

Статья 52. Протокол общего собрания акционеров

1. Протокол общего собрания акционеров должен быть составлен и подписан в течение трех рабочих дней после закрытия собрания.

2. В протоколе общего собрания акционеров указываются:

1) полное наименование и место нахождения исполнительного органа общества;

2) дата, время и место проведения общего собрания акционеров;

3) сведения о количестве голосующих акций общества, представленных на общем собрании акционеров;

4) кворум общего собрания акционеров;

5) the agenda for the general meeting of shareholders;

6) the manner of voting at the general meeting of shareholders;

7) the chairman (or presidium) and secretary of the general meeting of shareholders;

8) statements of persons participating in the general meeting of shareholders;

9) the overall number of votes of shareholders on each matter of the agenda of the general meeting of shareholders presented for voting;

10) the matters presented for voting, vote results on those matters;

11) decisions taken by the general meeting of shareholders.

In case of consideration at the general meeting of shareholders of the matter of the election of the board of directors of the company (or the election of a new member of the board of directors), the minutes of the general meeting shall indicate which shareholder an elected member of the board of directors is a representative of and/or who among the elected members of the board of directors is an independent director.

3. The minutes of the general meeting of shareholders must be signed:

1) by the chairman (or the members of the presidium) and the secretary of the general meeting of shareholders;

2) by members of the counting commission; and

3) by shareholders holding ten or more percent of the voting shares of the company and participating in the general meeting of shareholders.

In case of the impossibility of signing the minutes by a person obligated to sign them, the minutes shall be signed by his representative on the basis of a power of attorney issued to him or by a person, who in accordance with the legislation of the Republic of Kazakhstan or a contract, has the right to act in the absence of power of attorney in the name of a shareholder or to represent his interests.

4. In case of disagreement of one of the persons indicated in Paragraph 3 of the present Article with the content of the minutes, this person shall have the right to refuse to sign it, having presented a written explanation for the reason for the refusal, which explanation shall be attached to the minutes.

5. The minutes of the general meeting of shareholders shall be attached together with the minutes of the results of voting, the powers of attorney on the right of participation and voting in the general meeting and also of the signature of the minutes and with the written explanations of the reasons for refusal to sign the minutes. These documents must be safeguarded by the executive body and furnished to shareholders for familiarization at any time. On demand of a shareholder, the shareholder shall be given a copy of the minutes of the general meeting of shareholders.

5) повестка дня общего собрания акционеров;

6) порядок голосования на общем собрании акционеров;

7) председатель (президиум) и секретарь общего собрания акционеров;

8) выступления лиц, участвующих в общем собрании акционеров;

9) общее количество голосов акционеров по каждому вопросу повестки дня общего собрания акционеров, поставленному на голосование;

10) вопросы, поставленные на голосование, итоги голосования по ним;

11) решения, принятые общим собранием акционеров.

В случае рассмотрения на общем собрании вопроса об избрании совета директоров общества (избрании нового члена совета директоров) в протоколе общего собрания указывается, представителем какого акционера является выбранный член совета директоров и (или) кто из избранных членов совета директоров является независимым директором.

3. Протокол общего собрания акционеров подлежит подписанию:

1) председателем (членами президиума) и секретарем общего собрания акционеров;

2) членами счетной комиссии;

3) акционерами, владеющими десятью или более процентами голосующих акций общества и участвовавшими в общем собрании акционеров.

В случае невозможности подписания протокола лицом, обязанным его подписывать, протокол подписывается его представителем на основании выданной ему доверенности, либо лицом, имеющим в соответствии с законодательством Республики Казахстан или договором право действовать без доверенности от имени акционера или представлять его интересы.

4. В случае несогласия кого-либо из лиц, указанных в пункте 3 настоящей статьи, с содержанием протокола данное лицо вправе отказаться от его подписания, предоставив письменное объяснение причины отказа, которое подлежит приобщению к протоколу.

5. Протокол общего собрания акционеров сшивается вместе с протоколом об итогах голосования, доверенностями на право участия и голосования на общем собрании, а также подписания протокола и письменными объяснениями причин отказа от подписания протокола. Указанные документы должны храниться исполнительным органом и предоставляться акционерам для ознакомления в любое время. По требованию акционера ему выдается копия протокола общего собрания акционеров.

Article 53. The Board of Directors

1. The board of directors conducts general management of the activity of the company with the exception of deciding matters assigned by the present Law and/or the charter of the company to the exclusive competence of the general meeting of shareholders.

2. Unless otherwise provided by the present Law and/or the charter of the company, the following matters shall be in the exclusive competence of the board of directors:

1) determination of the priority directions of the activity of the company and strategies for the development of the company or approval of the plan for the development of the company in cases provided by the legislative acts of the Republic of Kazakhstan;

2) adoption of a decision on the calling of annual and extraordinary general meetings of shareholders;

3) adoption of a decision on the distribution (or sale) of shares including the number of shares to be distributed (or sold) within the limits of the number of declared shares, the method and price of their distribution (or sale);

4) adoption of a decision on the buyout by the company of distributed shares or other securities and the price of their buyout;

5) preliminary approval of the annual financial reporting of the company;

5-1) approval of rule on of committees of the board of directors;

6) [repealed]

7) determination of the terms of issuance of bonds and derivative securities of the company and also adoption of decision on their issuance;

8) determination of the number of members and term of the powers of the executive body, election of its head and members (or of the person solely exercising the function of the executive body), and also the early termination of their powers;

9) determination of the amount of the salaries and terms of payment for work and bonuses of the head and members of the executive body (or of the person solely exercising the function of the executive body);

10) determination of the number of members and the term of powers of the internal audit service, appointment of its head and members and also the early termination of their powers, determination of the manner of work of the internal audit service, the amount and terms of payment for work and bonuses of employees of the internal audit service;

10-1) appointment, determination of the term of powers of the corporate secretary, early termination of his powers and also determination of the amount of the salary and the terms of compensation of the corporate secretary;

Статья 53. Совет директоров

1. Совет директоров осуществляет общее руководство деятельностью общества, за исключением решения вопросов, отнесенных настоящим Законом и (или) уставом общества к исключительной компетенции общего собрания акционеров.

2. Если иное не установлено настоящим Законом и (или) уставом общества, к исключительной компетенции совета директоров относятся следующие вопросы:

1) определение приоритетных направлений деятельности общества и стратегии развития общества или утверждение плана развития общества в случаях, предусмотренных законодательными актами Республики Казахстан;

2) принятие решения о созыве годового и внеочередного общего собраний акционеров;

3) принятие решения о размещении (реализации), в том числе о количестве размещаемых (реализуемых) акций в пределах количества объявленных акций, способе и цене их размещения (реализации);

4) принятие решения о выкупе обществом размещенных акций или других ценных бумаг и цене их выкупа;

5) предварительное утверждение годовой финансовой отчетности общества;

5-1) утверждение положений о комитетах совета директоров;

6) [Исключен]

7) определение условий выпуска облигаций и производных ценных бумаг общества, а также принятие решений об их выпуске;

8) определение количественного состава, срока полномочий исполнительного органа, избрание его руководителя и членов (лица, единолично осуществляющего функции исполнительного органа), а также досрочное прекращение их полномочий;

9) определение размеров должностных окладов и условий оплаты труда и премирования руководителя и членов исполнительного органа (лица, единолично осуществляющего функции исполнительного органа);

10) определение количественного состава, срока полномочий службы внутреннего аудита, назначение его руководителя и членов, также досрочное прекращение их полномочий, определение порядка работы службы внутреннего аудита, размера и условий оплаты труда и премирования работников службы внутреннего аудита;

10-1) назначение, определение срока полномочий корпоративного секретаря, досрочное прекращение его полномочий, а также определение размера должностного оклада и условий вознаграждения корпоративного секретаря;

11) determination of the amount of payment for the services of an auditing organization for the audit of financial reporting and also of an appraiser for the appraisal of the market value of property transferred in payment for shares of the company or being the object of a major transaction;

12) [repealed]

13) approval of documents regulating the internal activity of the company (with the exception of documents adopted by the executive body for the purpose of organization of the activity of the company), including the internal document establishing the terms and method of conducting auctions of and subscriptions to securities of the company;

14) adoption of decisions on the founding and closing of branches and representative offices of the company and approval of provisions on them;

15) adoption of a decision on the obtaining by the company of ten or more percent of the shares (or investment shares in charter capital) of other legal persons;

15-1) adoption of decisions on matters of activities assigned to the competence of the general meeting of shareholders of (or participants in) a legal person ten or more percent of the shares (or investment shares in the charter capital) of which belong to the company;

16) increasing bonds of the company to a level comprising ten or more percent of the amount of its own capital;

17) [repealed];

18) determination of the information on the company or its activity constituting service, commercial, or other secrets protected by law;

19) adoption of a decision on the conclusion of major transactions and of transactions in the making of which by the company there is an interest;

20) other matters provided by the present Law and/or the charter of the company that are not allocated to the exclusive competence of the general meeting of shareholders.

3. Decisionmaking on matters listed under Paragraph 2 of the present Article may not be transferred for decision to the executive body.

3-1. The provisions of Paragraphs 1, 2, and 3 of the present Article shall not be applied in determining the competence of the board of directors of a national management holding that is established by the Law of the Republic of Kazakhstan "On the Fund of National Welfare."

The peculiarities of the competence of the board of directors of national management holdings shall be established by the Law of the Republic of Kazakhstan "On State Property."

The provisions of the present Paragraph shall not apply to a national management holding in the area of the agro-industrial complex.

11) определение размера оплаты услуг аудиторской организации за аудит финансовой отчетности, а также оценщика по оценке рыночной стоимости имущества, переданного в оплату акций общества либо являющегося предметом крупной сделки;

12) Исключен в соответствии с Законом РК от 08.07.05 г. № 72-III (см. стар. ред.)

13) утверждение документов, регулирующих внутреннюю деятельность общества (за исключением документов, принимаемых исполнительным органом в целях организации деятельности общества), в том числе внутреннего документа, устанавливающего условия и порядок проведения аукционов и подписки ценных бумаг общества;

14) принятие решений о создании и закрытии филиалов и представительств общества и утверждение положений о них;

15) принятие решения о приобретении (отчуждении) обществом десяти и более процентов акций (долей участия в уставном капитале) других юридических лиц;

15-1) принятие решений по вопросам деятельности, относящимся к компетенции общего собрания акционеров (участников) юридического лица, десять и более процентов акций (долей участия в уставном капитале) которого принадлежит обществу;

16) увеличение обязательств общества на величину, составляющую десять и более процентов размера его собственного капитала;

17) [Исключен]

18) определение информации об обществе или его деятельности, составляющей служебную, коммерческую или иную охраняемую законом тайну;

19) принятие решения о заключении крупных сделок и сделок, в совершении которых обществом имеется заинтересованность;

20) иные вопросы, предусмотренные настоящим Законом и (или) уставом общества, не относящиеся к исключительной компетенции общего собрания акционеров.

3. Вопросы, перечень которых установлен пунктом 2 настоящей статьи, не могут быть переданы для решения исполнительному органу.

3-1. Положения пунктов 1, 2 и 3 настоящей статьи не применяются при определении компетенции совета директоров национального управляющего холдинга, которая устанавливается Законом Республики Казахстан «О Фонде национального благосостояния».

Особенности компетенции совета директоров национальных управляющих холдингов, национальных холдингов устанавливаются Законом Республики Казахстан «О государственном имуществе».

Положения настоящего пункта не распространяются на национальный управляющий холдинг в сфере агропромышленного комплекса.

4. The board of directors shall not have the right to adopt decisions on matters that in accordance with the charter of the company are allocated to the competence of its executive body nor to adopt decisions contradicting decisions of the general meeting of shareholders.

5. Decisions adopted by the board of directors are subject to agreement with the holder of a "golden share" on matters with respect to which a veto right has been established.

6. The board of directors must:

1) follow and whenever possible eliminate potential conflicts of interest on the level of officials and shareholders, including the unlawful use of property of the company and abuse in the making of transaction in which there is an interest;

2) exercise supervision of the effective practice of corporate management in the company.

Article 53-1. Committees of the Board of Directors

1. For the consideration of the most important matters and preparing recommendations to the board of directors, committees of the board of directors shall be created in the company on matters:

1) of strategic planning;

2) of personnel and compensation;

3) of internal audit;

4) on social matters;

Internal documents of the company may provide for the creation of committees of the board of directors on other matters.

2. Committees of the board of directors shall consist of members of the board of directors and experts having the necessary skilled knowledge for work on the specific committee.

Committees of the board of directors shall be headed by a member of the board of directors. The heads (or chairmen) of committees of the board of directors provided in Paragraph 1 of the present Article shall be independent directors.

The head of the executive body may not be chairman of a committee of the board of directors.

3. The procedure for the formation and work of committees of the board of directors and also their membership numbers shall be established by an internal document of the company approved by the board of directors.

Article 54. Composition of the Board of Directors

1. Only a physical person may be a member of the board of directors.

A member of the board of directors shall not have the right to delegate functions placed upon him in accordance with the present Law and/or the charter of the company.

4. Совет директоров не вправе принимать решения по вопросам, которые в соответствии с уставом общества отнесены к компетенции его исполнительного органа, а также принимать решения, противоречащие решениям общего собрания акционеров.

5. Решения, принимаемые советом директоров, подлежат согласованию с владельцем «золотой акции» по вопросам, в отношении которых установлено право вето.

6. Совет директоров должен:

1) отслеживать и по возможности устранять потенциальные конфликты интересов на уровне должностных лиц и акционеров, в том числе неправомерное использование собственности общества и злоупотребление при совершении сделок, в которых имеется заинтересованность;

2) осуществлять контроль за эффективностью практики корпоративного управления в обществе.

Статья 53-1. Комитеты совета директоров

1. Для рассмотрения наиболее важных вопросов и подготовки рекомендаций совету директоров в обществе создаются комитеты совета директоров по вопросам:

1) стратегического планирования;

2) кадров и вознаграждений;

3) внутреннего аудита;

4) социальным вопросам.

Внутренними документами общества может быть предусмотрено создание комитетов совета директоров по иным вопросам.

2. Комитеты совета директоров состоят из членов совета директоров и экспертов, обладающих необходимыми профессиональными знаниями для работы в конкретном комитете.

Комитет совета директоров возглавляет член совета директоров. Руководителями (председателями) комитетов совета директоров, указанных в части первой пункта 1 настоящей статьи, являются независимые директора.

Руководитель исполнительного органа не может быть председателем комитета совета директоров.

3. Порядок формирования и работы комитетов совета директоров, а также их количественный состав устанавливаются внутренним документом общества, утверждаемым советом директоров.

Статья 54. Состав совета директоров

1. Членом совета директоров может быть только физическое лицо.

Член совета директоров не вправе передавать исполнение функций, возложенных на него в соответствии с настоящим Законом и (или) уставом общества, иным лицам.

2. Members of the board of directors shall be elected from among:

1) shareholders who are physical persons;

2) persons nominated (recommended) for election to the board of directors as representatives of shareholders;

3) physical persons who are not shareholders of the company nor nominated (nor recommended) for election to the board of directors as representatives of shareholders. .

3. Election of members of the board of directors shall be conducted by shareholder cumulative voting by use of ballots for voting, except where there is only one candidate for one seat on the board of directors. A ballot for cumulative voting must contain the following:

1) list of candidates for members of the board of directors;

2) number of votes belonging to a shareholder;

3) number of votes allocated by a shareholder in favor of a candidate for member of the board of directors.

It is prohibited to introduce in the ballot for cumulative voting the options "against," and "abstained".

A shareholder shall have the right to give the votes for the shares belonging to him in full to one candidate or to distribute them among several candidates for membership in the board of directors. The candidates who have obtained the largest number of votes shall be considered elected to the board of directors. If two or more candidates for membership in the board of directors have obtained an equal number of votes, supplementary cumulative voting shall be conducted with respect to these candidates by providing shareholders with ballots of cumulative voting with indication of candidates that obtained an equal number of votes..

4. Members of the executive body, except for its head, may not be elected to the board of directors. The head of the executive body may not be elected chairman of the board of directors.

5. The number of members of the board of directors must not be less than three persons. Not less than thirty percent of the members of the board of directors must be independent directors.

6. The requirements on persons elected to membership in the board of directors shall be established by legislation of the Republic of Kazakhstan and the charter of the company.

Article 55. The Term of Authority of Members of the Board of Directors

1. Persons elected to membership in the board of directors may be reelected an unlimited number of times unless otherwise provided by legislation of the Republic of Kazakhstan or the charter of the company.

2. The term of powers of members of the board of directors shall be established by the general meeting of shareholders.

2. Члены совета директоров избираются из числа:

1) акционеров - физических лиц;

2) лиц, предложенных (рекомендованных) к избранию в совет директоров в качестве представителей акционеров;

3) физических лиц, не являющихся акционером общества и не предложенных (не рекомендованных) к избранию в совет директоров в качестве представителя акционера.

3. Выборы членов совета директоров осуществляются акционерами кумулятивным голосованием с использованием бюллетеней для голосования, за исключением случая, когда на одно место в совете директоров баллотируется один кандидат. Бюллетень кумулятивного голосования должен содержать следующие графы:

1) перечень кандидатов в члены совета директоров;

2) количество голосов, принадлежащих акционеру;

3) количество голосов, отданных акционером за кандидата в члены совета директоров.

Запрещается вносить в бюллетень для кумулятивного голосования варианты голосования «против» и «воздержался».

Акционер вправе отдать голоса по принадлежащим ему акциям полностью за одного кандидата или распределить их между несколькими кандидатами в члены совета директоров. Избранными в совет директоров считаются кандидаты, набравшие наибольшее число голосов. Если два и более кандидата в члены совета директоров набрали равное число голосов, в отношении этих кандидатов проводится дополнительное кумулятивное голосование путем представления акционерам бюллетеней кумулятивного голосования с указанием кандидатов, набравших равное число голосов.

4. Члены исполнительного органа, кроме его руководителя, не могут быть избраны в совет директоров. Руководитель исполнительного органа не может быть избран председателем совета директоров.

5. Число членов совета директоров должно составлять не менее трех человек. Не менее тридцати процентов от состава совета директоров общества должны быть независимыми директорами.

6. Требования, предъявляемые к лицам, избираемым в состав совета директоров, устанавливаются законодательством Республики Казахстан и уставом общества.

Статья 55. Срок полномочий членов совета директоров

1. Лица, избранные в состав совета директоров, могут переизбираться неограниченное число раз, если иное не предусмотрено законодательством Республики Казахстан и уставом общества.

2. Срок полномочий совета директоров устанавливается общим собранием акционеров.

The term of powers of the board of directors shall expire at the time of conduct of the general meeting of shareholders at which the election of a new board of directors takes place.

3. The general meeting of shareholders shall have the power to terminate early the powers of all or individual members of the board of directors.

4. Early termination of the powers of a member of the board of directors on his initiative shall be conducted on the basis of written notice to the board of directors.

The powers of such a member of the board of directors shall terminate as of the time of receipt of this notice by the board of directors.

5. In case of early termination of the powers of a member of the board of directors, the election of a new member of the board of directors shall be done by cumulative voting by those represented at the general meeting of shareholders and in such case the authority of a newly elected member of the board of directors shall expire simultaneously with the expiration of the term of authority of the board of directors as a whole.

Article 56. Chairman of the Board of Directors

1. The chairman of the board of directors shall be elected from among its members by a majority vote of the overall number of members of the board of directors by secret voting unless otherwise provided by the charter of the company.

The board of directors shall have the right to hold a new election of a chairman at any time unless otherwise provided by the charter of the company.

2. The chairman of the board of directors shall organize the work of the board of directors, conduct its meetings, and also perform other functions defined by the charter of the company.

3. In case of the absence of the chairman of the board, one of the members of the board of directors, by decision of the board of directors, shall exercise his functions.

Article 57. Calling a Meeting of the Board of Directors

1. A meeting of the board of directors may be called on the initiative of its chairman or the executive body or upon demand of:

1) any member of the board of directors;
2) the internal audit service of the company;
3) the auditing organization performing an audit of the company; or
4) a major shareholder.

Срок полномочий совета директоров истекает на момент проведения общего собрания акционеров, на котором проходит избрание нового совета директоров.

3. Общее собрание акционеров вправе досрочно прекратить полномочия всех или отдельных членов совета директоров.

4. Досрочное прекращение полномочий члена совета директоров по его инициативе осуществляется на основании письменного уведомления совета директоров.

Полномочия такого члена совета директоров прекращаются с момента получения указанного уведомления советом директоров.

5. В случае досрочного прекращения полномочий члена совета директоров избрание нового члена совета директоров осуществляется кумулятивным голосованием, представленных на общем собрании акционеров, при этом полномочия вновь избранного члена совета директоров истекают одновременно с истечением срока полномочий совета директоров в целом.

Статья 56. Председатель совета директоров

1. Председатель совета директоров избирается из числа его членов большинством голосов от общего числа членов совета директоров тайным голосованием, если иное не предусмотрено уставом общества.

Совет директоров вправе в любое время переизбрать председателя, если иное не предусмотрено уставом общества.

2. Председатель совета директоров организует работу совета директоров, ведет его заседания, а также осуществляет иные функции, определенные уставом общества.

3. В случае отсутствия председателя совета директоров его функции осуществляет один из членов совета директоров по решению совета директоров.

Статья 57. Созыв заседания совета директоров

1. Заседание совета директоров может быть созвано по инициативе его председателя или исполнительного органа либо по требованию:

1) любого члена совета директоров;
2) службы внутреннего аудита общества;
3) аудиторской организации, осуществляющей аудит общества;
4) крупного акционера.

2. A demand for calling a meeting of the board of directors shall be presented to the chairman of the board of directors through appropriate written communication containing the proposed agenda for the meeting of the board of directors.

In case of refusal by the chairman of the board of directors to call a meeting, the initiator shall have the right to apply with this demand to the executive body, which must call a meeting of the board of directors.

A meeting of the board of directors must be called by the chairman of the board of directors or the executive body not later than ten calendar days from the day of receipt of a demand for calling it, unless a different time period is established by the charter of the company.

The meeting of the board of directors shall be conducted with the obligatory invitation of the person who made the demand.

3. The manner of furnishing notices to the members of the board of directors on the conduct of a meeting of the board of directors shall be determined by the board of directors and, for the holder of a "golden share," by the charter of the company.

4. Materials on matters of the agenda shall be presented to the members of the board of directors not less than seven calendar days before the date of conducting the meeting unless another term is defined by the charter of the company.

In case of consideration of a matter on the adoption of a decision on the conclusion of a major transaction and/or a transaction in the making of which there is an interest, information on the transaction must include material on the parties to the transaction, the time periods and terms of performance of the transaction, the nature and size of shares of persons involved, and also the report of an appraiser (in the case provided by Paragraph 1 of Article 69 of the present Law).

5. A member of the board of directors has the duty to inform the executive body in advance of the impossibility of his participation in a session of the board of directors.

Article 58. Meeting of the Board of Directors

1. The quorum for the conduct of a meeting of the board of directors shall be determined by the charter of the company but may not be less than half the number of members of the board of directors. It is required that at a meeting of the board of directors of a public company that at least half the overall number of independent directors be present.

In the event that the overall number of members of the board of directors is insufficient to attain the quorum defined by the charter, the board of directors must call an extraordinary general meeting of shareholders for the election of new members of the board of directors. The remaining members of the board of directors shall have the right to take a decision only on the calling of such an extraordinary general meeting of shareholders.

2. Требование о созыве заседания совета директоров предъявляется председателю совета директоров посредством направления соответствующего письменного сообщения, содержащего предлагаемую повестку дня заседания совета директоров.

В случае отказа председателя совета директоров в созыве заседания инициатор вправе обратиться с указанным требованием в исполнительный орган, который обязан созвать заседание совета директоров.

Заседание совета директоров должно быть созвано председателем совета директоров или исполнительным органом не позднее десяти календарных дней со дня поступления требования о созыве, если иной срок не установлен уставом общества.

Заседание совета директоров проводится с обязательным приглашением лица, предъявившего указанное требование.

3. Порядок направления уведомления членам совета директоров о проведении заседания совета директоров определяется советом директоров, а владельцу «золотой акции» - уставом общества.

4. Материалы по вопросам повестки дня представляются членам совета директоров не менее чем за семь календарных дней до даты проведения заседания, если иной срок не определен уставом общества.

В случае рассмотрения вопроса о принятии решения о заключении крупной сделки и (или) сделки, в совершении которой имеется заинтересованность, информация о сделке должна включать сведения о сторонах сделки, сроках и условиях исполнения сделки, характере и объеме долей участия вовлеченных лиц, а также отчет оценщика (в случае, предусмотренном пунктом 1 статьи 69 настоящего Закона).

5. Член совета директоров обязан заранее уведомить исполнительный орган о невозможности его участия в заседании совета директоров.

Статья 58. Заседание совета директоров

1. Кворум для проведения заседания совета директоров определяется уставом общества, но не должен быть менее половины от числа членов совета директоров. В обязательном порядке на заседании совета директоров публичной компании должны быть представлены независимые директоры в количестве не менее половины от общего числа независимых директоров.

В случае, если общее количество членов совета директоров недостаточно для достижения кворума, определенного уставом, совет директоров обязан созвать внеочередное общее собрание акционеров для избрания новых членов совета директоров. Оставшиеся члены совета директоров вправе принимать решение только о созыве такого внеочередного общего собрания акционеров.

2. Каждый член совета директоров имеет один голос. Решения совета директоров принимаются простым большинством голосов членов совета директоров, присутствующих на заседании, если иное не предусмотрено настоящим Законом и уставом общества.

2. Each member of the board of directors shall have one vote. Decisions of the board of directors shall be adopted by a simple majority of votes of the members of the board of directors present at the meeting unless otherwise provided by the present Law or the charter of the company.

The charter of the company may provide that in case of a tie vote, the vote of the chairman of the board of directors or of the person chairing the meeting of the board of directors shall be decisive.

3. The board of directors may adopt a decision on the conduct of a closed meeting at which only members of the board of directors may participate.

4. The charter of the company and/or the internal documents of the company may provide for the possibility of adoption of decisions of the board of directors by absentee voting on matters put up for consideration by the board of directors and for the manner of adopting such decisions.

A decision by absentee voting shall be recognized as adopted if there is a quorum of ballots received within the established time period.

A decision of an absentee meeting of the board of directors must be recorded in written form and signed by the secretary and chairman of the board of directors.

Within twenty days from the date of recording the decision, it must be sent to the members of the board of directors with an attachment of copies of the ballots on the basis of which the decision was adopted.

5. The decisions of the board of directors taken at a meeting held in person shall be recorded in minutes, which must be compiled and signed by the person who chaired the meeting and by the secretary of the board of directors within three days and which must contain:

1) the full designation and place of location of the executive body of the company;

2) the date, time, and place of the conduct of the meeting;

3) information on persons that took part in the meeting;

4) the agenda of the meeting;

5) matters presented for voting and the results of voting on them including the result of voting of each member of the board of directors on each matter of the agenda for the meeting of the board of directors;

6) decisions adopted;

7) other information in accordance with a decision of the board of directors.

6. The minutes of the meetings of the board of directors and the decisions of the board of directors adopted by absentee voting shall be safeguarded by the company.

2. Каждый член совета директоров имеет один голос. Решения совета директоров принимаются простым большинством голосов членов совета директоров, присутствующих на заседании, если иное не предусмотрено настоящим Законом и уставом общества.

Уставом общества может быть предусмотрено, что при равенстве голосов голос председателя совета директоров или лица, председательствующего на заседании совета директоров, является решающим.

3. Совет директоров вправе принять решение о проведении своего закрытого заседания, в котором могут принимать участие только члены совета директоров.

4. Уставом общества и (или) внутренними документами общества могут быть предусмотрены возможность принятия решений советом директоров посредством заочного голосования по вопросам, вынесенным на рассмотрение совета директоров, и порядок принятия таких решений.

Решение посредством заочного голосования признается принятым при наличии кворума в полученных в установленный срок бюллетенях.

Решение заочного заседания совета директоров должно быть оформлено в письменном виде и подписано секретарем и председателем совета директоров.

В течение двадцати дней с даты оформления решения оно должно быть направлено членам совета директоров с приложением копий бюллетеней, на основании которых было принято данное решение.

5. Решения совета директоров, которые были приняты на его заседании, проведенном в очном порядке, оформляются протоколом, который должен быть составлен и подписан лицом, председательствовавшим на заседании, и секретарем совета директоров в течение трех дней со дня проведения заседания и содержать:

1) полное наименование и место нахождения исполнительного органа общества;

2) дату, время и место проведения заседания;

3) сведения о лицах, участвовавших в заседании;

4) повестку дня заседания;

5) вопросы, поставленные на голосование, и итоги голосования по ним с отражением результата голосования каждого члена совета директоров по каждому вопросу повестки дня заседания совета директоров;

6) принятые решения;

7) иные сведения по решению совета директоров.

6. Протоколы заседаний совета директоров и решения совета директоров, принятые путем заочного голосования, хранятся в обществе.

The secretary of the board of directors on demand of a member of the board of directors is required to furnish him with the minutes of the meeting of the board of directors and the decisions taken by absentee voting for familiarization and/or issue him an excerpt from the minutes and the decisions verified by the signature of an authorized employee of the company and an impression of the seal-stamp of the company.

7. A member of the board of directors of the company who did not participate in a meeting of the board of directors or voted against a decision taken by the board of directors in violation of the manner established by the present Law or the charter of the company shall have the right to dispute it in court.

8. A shareholder shall have the right to dispute in court a decision of the board of directors of the company adopted in violation of the requirements of the present Law or the charter of the company if this decision has violated the rights or legal interests of the company and/or of this shareholder.

Article 59. Executive Body

1. Management of current activity shall be performed by the executive body. The executive body may be collegial or one-person.

The executive body shall have the right to take decisions on any matters of the activity of the company not allocated by the present Law, other legislative acts of the Republic of Kazakhstan, or the charter of the company to the competence of other bodies or officers of the company.

Decisions of the collegial executive body of the company shall be recorded in minutes, which must be signed by all members of the executive body present at the meeting and must contain the matters raised for voting, the results of voting on them with an indication of the result of voting of each member of the executive body on each matter.

Transfer of the right to vote by a member of the executive body to another person, including to another member of the executive body of the company, is not allowed.

The executive body shall have the duty to carry out the decisions of the general meeting of shareholders and the board of directors.

Decisions of the executive body on matters with respect to which a veto right has been established are subject to agreement with the holder of a "golden share."

The company shall have the right to dispute the validity of a transaction made by its executive body in violation of limitations established by the company, if it shows that at the time of conclusion of the transaction the parties knew of such limitations.

2. Members of a collegial executive body may be shareholders and may be employees of the company who are not its shareholders.

Секретарь совета директоров по требованию члена совета директоров обязан предоставить ему протокол заседания совета директоров и решения, принятые путем заочного голосования, для ознакомления и (или) выдать ему выписки из протокола и решения, заверенные подписью уполномоченного работника общества и оттиском печати общества.

7. Член совета директоров общества, не участвовавший в заседании совета директоров или голосовавший против решения, принятого советом директоров общества в нарушение порядка, установленного настоящим Законом и уставом общества, вправе оспорить его в судебном порядке.

8. Акционер вправе оспаривать в суде решение совета директоров общества, принятое с нарушением требований настоящего Закона и устава общества, если указанным решением нарушены права и законные интересы общества и (или) этого акционера.

Статья 59. Исполнительный орган

1. Руководство текущей деятельностью осуществляется исполнительным органом. Исполнительный орган может быть коллегиальным или единоличным.

Исполнительный орган вправе принимать решения по любым вопросам деятельности общества, не отнесенным настоящим Законом, иными законодательными актами Республики Казахстан и уставом общества к компетенции других органов и должностных лиц общества.

Решения коллегиального исполнительного органа общества оформляются протоколом, который должен быть подписан всеми присутствующими на заседании членами исполнительного органа и содержать вопросы, поставленные на голосование, итоги голосования по ним с отражением результата голосования каждого члена исполнительного органа по каждому вопросу.

Передача права голоса членом исполнительного органа общества иному лицу, в том числе другому члену исполнительного органа общества, не допускается.

Исполнительный орган обязан исполнять решения общего собрания акционеров и совета директоров.

Решения исполнительного органа по вопросам, в отношении которых установлено право вето, подлежат согласованию с владельцем «золотой акции».

Общество вправе оспаривать действительность сделки, совершенной его исполнительным органом с нарушением установленных обществом ограничений, если докажет, что в момент заключения сделки стороны знали о таких ограничениях.

2. Членами коллегиального исполнительного органа могут быть акционеры и работники общества, не являющиеся его акционерами.

A member of the executive body shall have the right to work in other organizations only with the consent of the board of directors.

The head of the executive body or the person solely exercising the functions of the executive body of the company shall not have the right to hold the position of the head of the executive body or of the person solely exercising the function of the executive body of another legal person.

The functions, rights, and duties of a member of the executive body shall be determined by the present Law, other legislative acts of the Republic of Kazakhstan, the charter of the company, and also the employment contract concluded by this person with the company. The employment contract in the name of the company with the head of the executive body shall be signed by the chairman of the board of directors or by the person authorized for this by the general meeting or the board of directors. The employment contract with the remaining members of the executive body shall be signed by the head of the executive body.

Article 60. Powers of the Head of the Executive Body

The head of the executive body:

1) shall organize the performance of decisions of the general meeting of shareholders and of the board of directors;

2) shall act without a power of attorney in the name of the company in relations with third parties;

3) shall issue powers of attorney for the right of representing the company in its relations with third parties;

4) shall conduct the hiring, transfer, and discharge of employees of the company (with the exception of cases established by the present Law), shall implement measures of reward to them and shall impose disciplinary sanctions, shall establish the amounts of salaries of employees of the company and personal supplements to salaries in accordance with the staffing table of the company, shall determine the sizes of bonuses of employees of the company with the exception of employees that are members of the executive body and the internal audit service of the company;

5) in case of his absence, shall assign the performance of his duties to one of the members of the executive body;

6) shall allocate duties and also areas of powers and responsibility among members of the executive body;

7) shall exercise other functions determined by the charter of the company and decisions of the general meeting of shareholders and the board of directors.

Член исполнительного органа вправе работать в других организациях только с согласия совета директоров.

Руководитель исполнительного органа либо лицо, единолично осуществляющее функции исполнительного органа общества, не вправе занимать должность руководителя исполнительного органа либо лица, единолично осуществляющего функции исполнительного органа, другого юридического лица.

Функции, права и обязанности члена исполнительного органа определяются настоящим Законом, иными законодательными актами Республики Казахстан, уставом общества, а также трудовым договором, заключаемым указанным лицом с обществом. Трудовой договор от имени общества с руководителем исполнительного органа подписывается председателем совета директоров или лицом, уполномоченным на это общим собранием или советом директоров. Трудовой договор с остальными членами исполнительного органа подписывается руководителем исполнительного органа.

Статья 60. Полномочия руководителя исполнительного органа
Руководитель исполнительного органа:

1) организует выполнение решений общего собрания акционеров и совета директоров;

2) без доверенности действует от имени общества в отношениях с третьими лицами;

3) выдает доверенности на право представления общества в его отношениях с третьими лицами;

4) осуществляет прием, перемещение и увольнение работников общества (за исключением случаев, установленных настоящим Законом), применяет к ним меры поощрения и налагает дисциплинарные взыскания, устанавливает размеры должностных окладов работников общества и персональных надбавок к окладам в соответствии со штатным расписанием общества, определяет размеры премий работников общества, за исключением работников, входящих в состав исполнительного органа, и службы внутреннего аудита общества;

5) в случае своего отсутствия возлагает исполнение своих обязанностей на одного из членов исполнительного органа;

6) распределяет обязанности, а также сферы полномочий и ответственности между членами исполнительного органа;

7) осуществляет иные функции, определенные уставом общества и решениями общего собрания акционеров и совета директоров.

Article 61. Internal Audit Service

1. An internal audit service may be formed to exercise supervision of the financial and commercial activity of the company.

2. Employees of the internal audit service may not be elected to membership in the board of directors or the executive body.

3. The internal audit service shall be directly subordinated to the board of directors and shall report to the board on its work.

Article 62. Principles of Activity of Officers of the Company

1. Officers of the company:

1) shall fulfill the duties placed upon them in good faith and shall use methods that to the greatest extent reflect the interests of the company and its shareholders;

2) must not use the property of the company or allow its use in contradiction to the charter of the company or the decisions of the general meeting of shareholders and the board of directors nor for personal purposes nor commit abuses in concluding transactions with their affiliated persons;

3) have the duty to insure the integrity of the systems of accounting and financial reporting including the conduct of an independent audit;

4) supervise the disclosure and presentation of information on the activity of the company in accordance with the requirements of the legislation of the Republic of Kazakhstan;

5) have the duty to observe the confidentiality of information on the activity of the company including for three years from the time of terminating work in the company unless otherwise provided by the internal documents of the company.

2. Members of the board of directors of the company must:

1) act in accordance with the requirements of the legislation of the Republic of Kazakhstan, the charter and internal documents of the company, and the employment contract on the basis of available information, transparency, in the interests of the company and its shareholders;

2) act justly with respect to all shareholders and exercise objective, independent judgment on corporate matters.

Article 63. Liability of Officers of the Company

1. Officers of the company shall bear the liability established by the laws of the Republic of Kazakhstan to the company and shareholders for the harm caused by their actions and/or inaction and for the losses incurred by the company including, but not limited to losses incurred as a result of:

1) provision of information leading to misunderstanding or knowingly false information;

Статья 61. Служба внутреннего аудита

1. Для осуществления контроля за финансово-хозяйственной деятельностью общества может быть образована служба внутреннего аудита.

2. Работники службы внутреннего аудита не могут быть избраны в состав совета директоров и исполнительного органа.

3. Служба внутреннего аудита непосредственно подчиняется совету директоров и отчитывается перед ним о своей работе.

Статья 62. Принципы деятельности должностных лиц общества

1. Должностные лица общества:

1) выполняют возложенные на них обязанности добросовестно и используют способы, которые в наибольшей степени отражают интересы общества и акционеров;

2) не должны использовать имущество общества или допускать его использование в противоречии с уставом общества и решениями общего собрания акционеров и совета директоров, а также в личных целях и злоупотреблять при совершении сделок со своими аффилиированными лицами;

3) обязаны обеспечивать целостность систем бухгалтерского учета и финансовой отчетности, включая проведение независимого аудита;

4) контролируют раскрытие и предоставление информации о деятельности общества в соответствии с требованиями законодательства Республики Казахстан;

5) обязаны соблюдать конфиденциальность информации о деятельности общества, в том числе в течение трех лет с момента прекращения работы в обществе, если иное не установлено внутренними документами общества.

2. Члены совета директоров общества должны:

1) действовать в соответствии с требованиями законодательства Республики Казахстан, уставом и внутренними документами общества, трудовым договором на основе информированности, прозрачности, в интересах общества и его акционеров;

2) относиться ко всем акционерам справедливо, выносить объективное независимое суждение по корпоративным вопросам.

Статья 63. Ответственность должностных лиц общества

1. Должностные лица общества несут ответственность, установленную законами Республики Казахстан, перед обществом и акционерами за вред, причиненный их действиями и (или) бездействием, и за убытки, понесенные обществом, включая, но не ограничиваясь убытками, понесенными в результате:

1) предоставления информации, вводящей в заблуждение, или заведомо ложной информации;

2) violation of the manner of providing information established by the present Law;

3) proposals for the conclusion and/or adoption of decisions on the conclusion of major transactions and/or transactions in the making of which there is an interest, that entailed losses for the company as a result of their bad faith actions and/or inaction, including with the purpose of receipt by them or their affiliated persons of profit (or income) as a result of the conclusion of such transactions with the company.

The adoption by the general meeting of shareholders in the cases envisioned by the present Law and/or the charter of the company of a decision on the conclusion of a major transaction and/or a transaction in which there is an interest shall not release the official who proposed the conclusion of the transaction from liability nor an official who acted in bad/faith or failed to act at a meeting of a body of a company of which he was a member including with the purpose of the receipt by them or their affiliated persons of profit (or income) if as the result of their performance the company incurred losses.

2. The company on the basis of a decision of the general meeting of shareholders or a shareholder holding (or shareholders holding in total) five or more percent of the voting shares of the company, has the right to bring suit in court in its own name against an official for compensation for the company of harm or losses caused by him to the company and also for the return to the company by the official and/or his affiliated persons of the profit (or income) received as a result of the adoption of decisions on the conclusion (or proposal for conclusion) of major transactions and/or transactions in the making of which there is an interest that caused the losses to the company in the case this official acted in bad faith and/or failed to act.

The company on the basis of a decision of the general meeting of shareholders or a shareholder holding (or shareholders holding in total) five or more percent of the voting shares of the company, has the right to bring suit in court in his own name against an official of the accompany and/or a third person for compensation to the company for losses caused to the company as the result of conclusion of a contract of the company with this third person if in the conclusion and/or performance of this transaction the given official of the company on the basis of an agreement with such third person acted in violation of the requirements of the legislation of the Republic of Kazakhstan, the charter, or the internal documents of the company or in violation of his employment contract. In such a case this third party and the official shall be treated as joint and several obligors to the company in compensating the company for such losses.

2) нарушения порядка предоставления информации, установленного настоящим Законом;

3) предложения к заключению и (или) принятия решений о заключении крупных сделок и (или) сделок, в совершении которых имеется заинтересованность, повлекших возникновение убытков общества в результате их недобросовестных действий и (или) бездействия, в том числе с целью получения ими либо их аффилиированными лицами прибыли (дохода) в результате заключения таких сделок с обществом.

Принятие общим собранием акционеров в случаях, предусмотренных настоящим Законом и (или) уставом общества, решения о заключении крупной сделки и (или) сделки, в совершении которой имеется заинтересованность, не освобождает от ответственности должностное лицо, предложившее их к заключению, или должностное лицо, действовавшее недобросовестно и (или) бездействовавшее на заседании органа общества, членом которого оно является, в том числе с целью получения ими либо их аффилиированными лицами прибыли (дохода), если в результате их исполнения обществу причинены убытки.

2. Общество на основании решения общего собрания акционеров или акционер (акционеры), владеющий (владеющие в совокупности) пятью и более процентами голосующих акций общества, от своего имени вправе обратиться в суд с иском к должностному лицу о возмещении обществу вреда либо убытков, причиненных им обществу, а также о возврате обществу должностным лицом и (или) его аффилиированными лицами прибыли (дохода), полученной в результате принятия решений о заключении (предложения к заключению) крупных сделок и (или) сделок, в совершении которых имеется заинтересованность, повлекших возникновение убытков общества, в случае если должностное лицо действовало недобросовестно и (или) бездействовало.

Общество на основании решения общего собрания акционеров или акционер (акционеры), владеющий (владеющие в совокупности) пятью и более процентами голосующих акций общества, от своего имени вправе обратиться в суд с иском к должностному лицу общества и (или) третьему лицу о возмещении обществу убытков, причиненных обществу в результате заключенной сделки общества с этим третьим лицом, если при заключении и (или) осуществлении такой сделки данное должностное лицо общества на основе соглашения с таким третьим лицом действовало с нарушением требований законодательства Республики Казахстан, устава и внутренних документов общества или его трудового договора. В этом случае указанные третье лицо и должностное лицо общества выступают в качестве солидарных должников общества при возмещении обществу таких убытков.

Before applying to judicial bodies the shareholder holding (or shareholders holding in total) five or more percent of the voting shares of the company must apply to the chairman of the board of directors of the company with a request for placing the matter of compensating the company for losses caused by officials of the company and for the return to the company by the officials of the company and/or their affiliated persons of the profit (or income) received by them as the result of adoption of decisions on the conclusion (or of a proposal for conclusion) of major transactions and/or transactions in the making of which there is an interest at a meeting of the board of directors.

The chairman of the board of directors must call an in-person meeting of the board of directors not later than ten calendar days after the receipt of the application indicated in the third part of the present Paragraph.

The decision of the board of directors on an application of a shareholder holding (or shareholders holding in total) five or more percent of the voting stock of the company shall be brought to his (or their) attention within the course of three calendar days from the date of conducting the decision. After the receipt of this decision of the board of directors or after not receiving this decision in the time period provided by the present Paragraph, the shareholder holding (or shareholders holding in total) five or more percent of the voting shares of the company shall have the right to bring a suit in court in his own name for the protection of the interests of the company if there are documents confirming the application of the shareholder to the chairman of the board of directors on this matter.

3. Officers of the company, with the exception of an officer interested in making a transaction and having proposed the conclusion of a transaction as the result of the performance of which the company incurred losses, shall be released from liability in the event that they voted against the decision adopted by the body of the company, which caused losses of the company or of a shareholder or if they did not take part in voting for valid reasons.

An officer shall be released from compensating for losses that have been incurred as a result of a commercial (or entrepreneurial) decision if it is demonstrated that he acted properly, observing the principles of activity of officers of the company established by the present Law, on the basis of current (or appropriate) information at the time of taking the decision and considered, with grounds to consider, that the decision would serve the interests of the company.

До обращения в судебные органы акционер (акционеры), владеющий (владеющие в совокупности) пятью и более процентами голосующих акций общества, должен обратиться к председателю совета директоров общества с требованием о вынесении вопроса о возмещении обществу убытков, причиненных должностными лицами общества, и возврате обществу должностными лицами общества и (или) их аффилированными лицами полученной ими прибыли (дохода) в результате принятия решений о заключении (предложения к заключению) крупных сделок и (или) сделок, в совершении которых имеется заинтересованность, на заседание совета директоров.

Председатель совета директоров обязан созвать очное заседание совета директоров в срок не позднее десяти календарных дней со дня поступления обращения, указанного в части третьей настоящего пункта.

Решение совета директоров по обращению акционера (акционеров), владеющего (владеющих в совокупности) пятью и более процентами голосующих акций общества, доводится до его (их) сведения в течение трех календарных дней с даты проведения заседания. После получения указанного решения совета директоров либо его неполучения в сроки, установленные настоящим пунктом, акционер (акционеры), владеющий (владеющие в совокупности) пятью и более процентами голосующих акций общества, вправе от своего имени обратиться с иском в суд в защиту интересов общества при наличии документов, подтверждающих обращение акционера к председателю совета директоров общества по указанному вопросу.

3. Должностные лица общества, за исключением должностного лица, заинтересованного в совершении сделки и предложившего к заключению сделку, в результате исполнения которой обществу причинены убытки, освобождаются от ответственности в случае, если голосовали против решения, принятого органом общества, повлекшего убытки общества либо акционера, или не принимали участия в голосовании по уважительным причинам.

Должностное лицо освобождается от возмещения убытков, возникших в результате коммерческого (предпринимательского) решения, в случае если будет доказано, что оно действовало надлежащим образом с соблюдением установленных настоящим Законом принципов деятельности должностных лиц общества, на основе актуальной (надлежащей) информации на момент принятия решения и обоснованно считало, что такое решение служит интересам общества.

4. Officials of the company who are found guilty by a court of committing a crime against ownership, in the area of economic activity, or against the interests of service in commercial and other organizations, and also those released from criminal liability on non-rehabilitative bases for the commission of these crimes, may not during five years from the date of cancellation or removal, in the manner established by law, of a criminal record or of being released from criminal liability, fulfill the duties of officers of a company nor of representatives of shareholders at a general meeting of the company.

5. In the event that financial reporting of the company distorts the financial position of the company, officials of the company who have signed this financial reporting shall bear responsibility before third persons that have been caused financial harm as a result of such distortion.

6. For purposes of the present Article, the following are meant as definitions:

in bad faith, i.e., the adoption of a decision (or a proposal for conclusion) not in the interests of the company on the conclusion of major transactions and/or transactions in the making of which there is an interest in violation of the principles of activity of officers of the company established by the present Law, as a result of which the company incurred losses not included in normal entrepreneurial risk;

inaction, i.e. an official of the company abstained in the taking of a decision on the conclusion of major transactions and/or transactions in the case of which there was an interest, as a result of which the company incurred losses not included in ordinary entrepreneurial risk or did not take part in voting without a valid reason.

Chapter 6. AFFILIATED PERSONS OF THE COMPANY

Article 64. Affiliated Person of the Company

1. An affiliated person of the company is:

1) a major shareholder;

2) persons who are closely related, husband (or wife), persons who are closely related to husband (or wife) of the physical person provided in subparagraphs (1), (3) and (8) of the present Paragraph, with the exception of an independent director of the company;

3) an officer of the company or of a legal person indicated in subparagraphs (1), (4), (5), (6), (6-1), (7), (8), (9) and (10) of the present Paragraph, with the exception of an independent director;

4) a legal person that is controlled by a person who is a major shareholder or an official of the company;

4. Должностные лица общества, признанные судом виновными в совершении преступлений против собственности, в сфере экономической деятельности или против интересов службы в коммерческих или иных организациях, а также освобожденные от уголовной ответственности по нереабилитирующим основаниям за совершение указанных преступлений, не могут в течение пяти лет с даты погашения либо снятия в порядке, установленном законом, судимости либо освобождения от уголовной ответственности выполнять обязанности должностных лиц обществ, а также представителя акционеров на общем собрании акционеров.

5. В случае если финансовая отчетность общества искажает финансовое положение общества, должностные лица общества, подписавшие данную финансовую отчетность общества, несут ответственность перед третьими лицами, которым в результате этого был нанесен материальный ущерб.

6. Для целей настоящей статьи под определениями понимается следующее:

недобросовестно, то есть принятие решения (предложение к заключению) не в интересах общества о заключении крупных сделок и (или) сделок, в совершении которых имеется заинтересованность, в нарушение установленных настоящим Законом принципов деятельности должностных лиц общества, в результате которых обществу нанесены убытки, не охватываемые обычным предпринимательским риском;

бездействие, то есть должностное лицо общества воздержалось при принятии решения о заключении крупных сделок и (или) сделок, в совершении которых имеется заинтересованность, в результате которого обществу нанесены убытки, не охватываемые обычным предпринимательским риском, либо не принимало участие в голосовании без уважительной причины.

Глава 6. Аффилиированные лица общества

Статья 64. Аффилиированное лицо общества
1. Аффилиированным лицом общества является:
1) крупный акционер;
2) близкие родственники, супруг (супруга), близкие родственники супруга (супруги) физического лица, указанного в подпунктах 1), 3) и 8) настоящего пункта, за исключением независимого директора общества;
3) должностное лицо общества или юридического лица, указанного в подпунктах 1), 4), 5), 6), 6-1), 7), 8), 9) и 10) настоящего пункта, за исключением независимого директора;
4) юридическое лицо, которое контролируется лицом, являющимся крупным акционером либо должностным лицом общества;

5) a legal person with respect to which a person who is a major shareholder or an official of the company is a major shareholder or has a right to a corresponding share in the property;

6) a legal person with respect to which the company is a major shareholder or has a right to a corresponding share in the property;

6-1) a legal person with respect to which a legal person in accordance with subparagraph (6) of the present Paragraph is a major shareholder or has a right to a corresponding share in the property;

7) a legal person that jointly with the company is under the control of a third person;

8) a person connected with the company by a contract in accordance with which the person has the right to determine decisions taken by the company;

9) a person that independently or jointly with his affiliated persons possesses, uses, or disposes of ten or more percent of the voting shares of a company (or shares of participation in an organization) or of the legal persons indicated in subparagraphs (1), (4), (5), (6), (6-1), (7), (8) and (10) of the present Paragraph;

10) another person that is an affiliated person of the company in accordance with legislative acts of the Republic of Kazakhstan.

1-1. Affiliated persons of a physical person are:

1) close relatives, husband (or wife), close relatives of a husband (or wife);

2) a legal person in which a major shareholder (or major participant) and/or an officer is the given physical person and/or persons indicated in subparagraph (1) of the present Paragraph;

3) a legal person that is controlled by the given physical person and/or persons indicated in subparagraph (1) of the present Paragraph;

4) a legal pe4rson with respect to which legal persons indicated in subparagraphs (2) and (3) of the present Paragraph are major shareholders (or major participant) or have the right to a corresponding share in the property;

5) officers of legal persons indicated in subparagraphs (2), (3) and (4) of the present Paragraph.

2. Control of the company or other legal person is the ability to determine decisions adopted respectively by the company or other legal person.

3. The provisions of the present Article shall not apply to companies that are non-commercial organizations or credit bureaus.

The following are not affiliated:

1) persons who are major shareholders of (or participants in) a non-commercial organization or credit bureau;

5) юридическое лицо, по отношению к которому лицо, являющееся крупным акционером либо должностным лицом общества, является крупным акционером либо имеет право на соответствующую долю в имуществе;

6) юридическое лицо, по отношению к которому общество является крупным акционером или имеет право на соответствующую долю в имуществе;

6-1) юридическое лицо, по отношению к которому юридическое лицо, указанное в подпункте 6) настоящего пункта, является крупным акционером или имеет право на соответствующую долю в имуществе;

7) юридическое лицо, которое совместно с обществом находится под контролем третьего лица;

8) лицо, связанное с обществом договором, в соответствии с которым оно вправе определять решения, принимаемые обществом;

9) лицо, которое самостоятельно или совместно со своими аффилиированными лицами владеет, пользуется, распоряжается десятью и более процентами голосующих акций общества (долей участия организации) либо юридических лиц, указанных в подпунктах 1), 4), 5), 6), 6-1), 7), 8) и 10) настоящего пункта;

10) иное лицо, являющееся аффилиированным лицом общества в соответствии с законодательными актами Республики Казахстан.

1-1. Аффилиированным лицом физического лица являются:

1) близкие родственники, супруг (супруга), близкие родственники супруга (супруги);

2) юридическое лицо, в котором крупным акционером (крупным участником) и (или) должностным лицом является данное физическое лицо и (или) лица, указанные в подпункте 1) настоящего пункта;

3) юридическое лицо, которое контролируется данным физическим лицом и (или) лицами, указанными в подпункте 1) настоящего пункта;

4) юридическое лицо, по отношению к которому юридические лица, указанные в подпунктах 2) и 3) настоящего пункта, являются крупными акционерами (крупными участниками) или имеют право на соответствующую долю в имуществе;

5) должностные лица юридических лиц, указанных в подпунктах 2), 3) и 4) настоящего пункта.

2. Контролем над обществом или иным юридическим лицом является возможность определять решения, принимаемые соответственно обществом или иным юридическим лицом.

3. Положения настоящей статьи не распространяются на общества, являющиеся некоммерческими организациями и кредитными бюро.

Не являются аффилиированными:

1) лица, являющиеся крупными акционерами (участниками) некоммерческой организации или кредитного бюро;

2) persons who lack dispositive capacity or have limited dispositive capacity.

Article 65. [repealed]

Article 66. Peculiarities of the Conclusion of Transactions with the Participation of Affiliated Persons

1. The peculiarities of the conclusion of transactions of the company with the participation of its affiliated persons are established by the present Law and other legislative acts of the Republic of Kazakhstan.

2. Non-observance of the requirements established by the present Law and other legislative acts of the Republic of Kazakhstan of the requirements for the manner of concluding by the company of a transaction with the participation of its affiliated persons shall be the basis for the declaration by a court of the transaction as invalid on suit of any interested person.

3. A person who has intentionally concluded a transaction in violation of the requirements established by the present Law for the manner of concluding a transaction shall not have the right to demand the declaration of the transaction as invalid if such a demand is caused by mercenary motives or by intention to avoid responsibility.

Article 67. Disclosure of Information on Affiliated Persons of the Company

1. Information on affiliated persons of the company is not information constituting service, commercial, or other secrets protected by law.

2. The company has the obligation to keep account of its affiliated persons on the basis of information provided by these persons or the registrar of the company (only with respect to persons who are major shareholders in the manner provided by the authorized body).

The manner of provision by shareholders and officials of the company of information on their affiliated persons shall be established by the charter.

3. Physical and legal persons who are affiliated persons of the company have the obligation to furnish the company, within seven days from the day of commencement of affiliation, with information on their affiliated persons.

4. The company is required to furnish a list of its affiliated persons to the authorized body in the manner provided by it.

Chapter 7. TRANSATIONS OF THE COMPANY WITH RESPECT TO THE CONCLUSION OF WHICH SPECIAL CONDITIONS ARE ESTABLISHED

Article 68. Major Transaction
1. A major transaction is:

2) недееспособные и ограниченно дееспособные лица.

Статья 65. [Исключена]

Статья 66. Особенности совершения сделок с участием аффилиированных лиц

1. Особенности совершения сделок общества с участием его аффилиированных лиц устанавливаются настоящим Законом и иными законодательными актами Республики Казахстан.

2. Несоблюдение установленных настоящим Законом и иными законодательными актами Республики Казахстан требований к порядку совершения обществом сделки с участием его аффилиированных лиц является основанием для признания судом сделки недействительной по иску любого заинтересованного лица.

3. Лицо, умышленно заключившее сделку с нарушением требований к порядку совершения сделки с участием аффилиированных лиц, установленных настоящим Законом, не вправе требовать признания сделки недействительной, если такое требование вызвано корыстными мотивами или намерением уклониться от ответственности.

Статья 67. Раскрытие сведений об аффилиированных лицах общества

1. Сведения об аффилиированных лицах общества не являются информацией, составляющей служебную, коммерческую или иную охраняемую законом тайну.

2. Общество обязано вести учет своих аффилиированных лиц на основании сведений, представляемых этими лицами или регистратором общества (только в отношении лиц, являющихся крупными акционерами в порядке, установленном уполномоченным органом).

Порядок предоставления акционерами и должностными лицами общества информации об их аффилиированных лицах устанавливается уставом.

3. Физические и юридические лица, являющиеся аффилиированными лицами общества, обязаны представлять обществу в течение семи дней со дня возникновения аффилиированности сведения о своих аффилиированных лицах.

4. Общество обязано представлять список своих аффилиированных лиц уполномоченному органу в установленном им порядке.

Глава 7. Сделки общества, в отношении совершения которых установлены особые условия

Статья 68. Крупная сделка
1. Крупной сделкой признается:

1) a transaction or the totality of interrelated transactions as the result of which the company obtains or alienates (or may obtain or may alienate) property, the value of which constitutes twenty-five or more percent of the overall value of the assets of the company;

2) a transaction or the totality of interrelated transactions as the result of which the company may buy up its distributed securities or sell securities bought up by it in an amount of twenty-five or more percent of the overall number of distributed securities of one type;

3) other transactions declared by the charter of the company to be a major transaction.

2. The following are interrelated:

1) several transactions made with one and the same person or with a group of persons affiliated with one another with respect to the acquisition or alienation of one and the same property;

2) transactions formalized by one contract or by several contracts related to one another;

3) other transactions declared to be interrelated by the charter or by a decision of the general meeting of shareholders.

Article 69. Value of Property that is the Object of a Transaction

1. A decision on the conclusion of a transaction as the result of which property is acquired or alienated for an amount of ten or more percent of the value of the assets of the company must be made taking into account the market value of the given property determined by an appraiser in accordance with the legislative act of the Republic of Kazakhstan on appraisal activity.

In the event that the object of such a transaction is money and/or securities issued (or distributed) on a primary market, an appraisal shall not take place.

2. If the property whose market value must be determined is securities traded on an organized securities market, then in determining their market value the prices formed on this market for transactions with such securities or the bid and asked prices for such securities shall be taken into account. If the property whose value must be determined is shares of the company itself, then in determining their market value the size of own capital of the company, the prospects for its changes in connection with plans of development of the company and other factors that the person determining the market value considers important shall be taken into account.

Article 70. Conclusion by the Company of a Major Transaction

1. A decision on the conclusion by the company of a major transaction shall be adopted by the board of directors.

1) сделка или совокупность взаимосвязанных между собой сделок, в результате которой (которых) обществом приобретается или отчуждается (может быть приобретено или отчуждено) имущество, стоимость которого составляет двадцать пять и более процентов от общего размера стоимости активов общества;

2) сделка или совокупность взаимосвязанных между собой сделок, в результате которой (которых) обществом могут быть выкуплены его размещенные ценные бумаги или проданы выкупленные им ценные бумаги общества в количестве двадцати пяти и более процентов от общего количества размещенных ценных бумаг одного вида;

3) иная сделка, признаваемая уставом общества в качестве крупной сделки.

2. Взаимосвязанными между собой признаются:

1) несколько сделок, совершаемых с одним и тем же лицом либо с группой аффилиированных между собой лиц в отношении приобретения или отчуждения одного и того же имущества;

2) сделки, оформляемые одним договором или несколькими договорами, связанными между собой;

3) иные сделки, признаваемые как взаимосвязанные между собой уставом или решением общего собрания акционеров.

Статья 69. Стоимость имущества, являющегося предметом сделки

1. Решение о заключении сделки, в результате которой приобретается либо отчуждается имущество на сумму десять и более процентов от размера активов общества, должно приниматься с учетом рыночной стоимости данного имущества, определенной оценщиком в соответствии с законодательным актом Республики Казахстан об оценочной деятельности.

В случае если предметом такой сделки являются деньги и (или) выпускаемые (размещаемые) на первичном рынке ценные бумаги, оценка не производится.

2. Если имуществом, рыночную стоимость которого необходимо определить, являются ценные бумаги, обращающиеся на организованном рынке ценных бумаг, то при определении их рыночной стоимости учитываются сложившиеся на таком рынке цены сделок с такими ценными бумагами или цены спроса и предложения на такие ценные бумаги. Если имуществом, рыночную стоимость которого необходимо определить, являются акции самого общества, то при определении их рыночной стоимости также учитываются размер собственного капитала общества, перспективы его изменения в соответствии с планами развития общества и иные факторы, которые сочтет важными лицо, определяющее рыночную стоимость.

Статья 70. Совершение обществом крупной сделки

1. Решение о заключении обществом крупной сделки принимается советом директоров.

For purposes of informing creditors and shareholders, the company must, within the course of five working days after the adoption by the board of directors of a decision on the conclusion by the company of a major transaction, publish a communication about the transaction in the state and other languages in the mass media.

2. The charter of the company may define a list of major transactions decision on the conclusion of which shall be taken by the general meeting of shareholders and also the manner of their conclusion.

3. In case of disagreement with a decision of the company on the conclusion of a major transaction adopted in the manner established by the present Law and the charter of the company, a shareholder shall have the right to demand buyout of the shares belonging to him in the manner established by the present Law.

Article 71. Interest in the Conclusion of a Transaction by the Company

1. Affiliated persons of a company are persons interested in the conclusion of a transaction by the company (hereinafter "interested persons") if they:

1) are a party to the transaction or participate in it as a representative or intermediary;

2) are affiliated persons of a legal person that is a party to the transaction or has participated in it as a representative or intermediary;

2. The following are not a transaction in the making of which by the company there is an interest:

1) a transaction for obtaining by a shareholder of shares or other securities of the company or the buyout by the company of its distributed shares;

2) a transaction for acceptance of obligations on non-disclosure of information containing banking secrets, commercial secrets, or secrets protected by a law;

3) reorganization of the company made in accordance with the present Law;

4) a transaction of the company with its own affiliated person made in accordance with the legislation of the Republic of Kazakhstan on state purchases;

5) conclusion by the company with its affiliated person of an agreement, the standard form of which is establish by legislation of the Republic of Kazakhstan.

В целях информирования кредиторов и акционеров общество обязано в течение пяти рабочих дней после принятия советом директоров решения о заключении обществом крупной сделки опубликовать на государственном и других языках в средствах массовой информации сообщение о сделке.

2. Уставом общества может быть определен перечень крупных сделок, решения о заключении которых принимаются общим собранием акционеров, а также порядок их совершения.

3. В случае несогласия с решением общества о заключении крупной сделки, принятым в порядке, установленном настоящим Законом и уставом общества, акционер вправе требовать выкупа обществом принадлежащих ему акций в порядке, установленном настоящим Законом.

Статья 71. Заинтересованность в совершении обществом сделки
1. Лицами, заинтересованными в совершении обществом сделки (далее - заинтересованными лицами), признаются аффилиированные лица общества, если они:

1) являются стороной сделки или участвуют в ней в качестве представителя или посредника;

2) являются аффилиированными лицами юридического лица, являющегося стороной сделки или участвующего в ней в качестве представителя или посредника.

2. Не является сделкой, в совершении которой обществом имеется заинтересованность:

1) сделка по приобретению акционером акций или других ценных бумаг общества, а также выкупу обществом своих размещенных акций;

2) сделка по принятию обязательств о неразглашении сведений, содержащих банковскую, коммерческую или охраняемые законом тайны;

3) реорганизация общества, осуществляемая в соответствии с настоящим Законом;

4) сделка общества со своим аффилиированным лицом, совершаемая в соответствии с законодательством Республики Казахстан о государственных закупках;

5) заключение обществом со своим аффилиированным лицом договора, типовая форма которого установлена законодательством Республики Казахстан.

Article 72. Information on Interest in the Conclusion by the Company of a Transaction

The persons indicated in Paragraph 1 of Article 71 of the present Law have the duty to inform the board of directors in the manner established by the charter of the company of information:

1) on the fact that they are a party to a transaction or participate in it as a representative or intermediary;

2) on the legal persons with which they are affiliated including legal persons in which they hold independently or jointly with their affiliated persons ten or more percent of the voting shares (or investment shares or participatory shares), and legal persons in whose bodies they hold offices;

3) on concluded or proposed transactions known to them in which they may be recognized as affiliated persons.

Article 73. Requirements for the Manner of Concluding a Transaction in the Making of Which There is an Interest

1. A decision on the conclusion by the company of a transaction in which there is an interest shall be adopted by a simple majority of the votes of the members of the board of directors who are not interested in its conclusion.

2. A decision on the conclusion by the company of a transaction in the conclusion of which there is an interest shall be adopted by the general meeting of shareholders by a majority vote of shareholders not interested in its conclusion in cases:

1) if all members of the board of directors are interested persons;

2) of the impossibility of the adoption by the board of directors of a decision on the conclusion of such a transaction because of the lack of the number of votes necessary for taking the decision.

3. A decision on the conclusion by the company of a transaction in the making of which there is an interest shall be taken by the general meeting of shareholders by a simple majority vote of the total number of voting shares of the company in the event that all the members of the board of directors and all the shareholders holding common shares are interested persons.

In this case the general meeting of shareholders shall be furnished with information (with an attachment of documents) necessary for taking a well-founded decision.

4. The charter of the company may define another manner of conclusion of individual types of transactions in the making of which there is an interest.

Статья 72. Информация о заинтересованности в совершении обществом сделки

Лица, указанные в пункте 1 статьи 71 настоящего Закона, в порядке, установленном уставом общества, обязаны довести до сведения совета директоров информацию:

1) о том, что они являются стороной сделки или участвуют в ней в качестве представителя или посредника;

2) о юридических лицах, с которыми они аффилированы, в том числе о юридических лицах, в которых они владеют самостоятельно или совместно со своими аффилированными лицами десятью и более процентами голосующих акций (долей, паев), и о юридических лицах, в органах которых они занимают должности;

3) об известных им совершаемых или предполагаемых сделках, в которых они могут быть признаны заинтересованными лицами.

Статья 73. Требование к порядку заключения сделки, в совершении которой имеется заинтересованность

1. Решение о заключении обществом сделки, в совершении которой имеется заинтересованность, принимается простым большинством голосов членов совета директоров, не заинтересованных в ее совершении.

2. Решение о заключении обществом сделки, в совершении которой имеется заинтересованность, принимается общим собранием акционеров большинством голосов акционеров, не заинтересованных в ее совершении, в случаях:

1) если все члены совета директоров общества являются заинтересованными лицами;

2) невозможности принятия советом директоров решения о заключении такой сделки ввиду отсутствия количества голосов, необходимого для принятия решения.

3. Решение о заключении обществом сделки, в совершении которой имеется заинтересованность, принимается общим собранием акционеров простым большинством голосов от общего числа голосующих акций общества в случае, если все члены совета директоров общества и все акционеры, владеющие простыми акциями, являются заинтересованными лицами.

При этом общему собранию акционеров предоставляется информация (с приложением документов), необходимая для принятия обоснованного решения.

4. Уставом общества может быть определен иной порядок заключения отдельных видов сделок, в совершении которых имеется заинтересованность.

Article 74. Consequences of Conclusion by the Company of Transactions with Respect to the Conclusion of Which Special Conditions are Established

1. Nonobservance of the requirements provided by the present Law for the conclusion of a major transaction or a transaction in the making of which there is an interest shall entail declaration of these transactions as invalid by court procedure on suit of interested persons.

2. A person interested in the making by the company of a transaction concluded in violation of the requirements for manner of its conclusion or in violation of the principles of activity of officers provided by the present Law, shall bear responsibility to the company in the amount of losses caused by him to the company. In case of making of a transaction by several persons, their liability to the company shall be joint and several.

3. A person who has intentionally concluded a major transaction in violation of the requirements established by the present Law or the charter of the company shall not have the right to demand the declaration of the transaction as invalid if such a demand is caused by mercenary motives or by the intention to avoid responsibility.

4. The requirements of the present chapter shall not apply to transactions in connection with which the present Law has established special conditions concluded between organizations included in a group of a national management holding in accordance with the Law of the Republic of Kazakhstan "On the Fund of National Welfare."

Chapter 8. FINANCIAL REPORTING AND AUDIT OF THE COMPANY

Article 75. Financial Reporting of the Company

1. [repealed]

2. The manner of conducting accounting and preparation of financial reporting of the company shall be established by the legislation of the Republic of Kazakhstan on accounting and financial reporting.

Article 76. Annual Financial Reporting of the Company

1. The executive body shall present annually to the general meeting of shareholders financial reporting for the past year audited in accordance with the legislation of the Republic of Kazakhstan on auditing activity for its consideration and approval. In addition to a financial report, the executive body shall present the auditor's report to the general meeting.

2. [repealed]

3. The annual financial reporting shall be subject to preliminary approval by the board of directors not later than thirty days before the date of the conduct of the annual general meeting of shareholders.

Статья 74. Последствия заключения обществом сделок, в отношении совершения которых установлены особые условия

1. Несоблюдение требований, предусмотренных настоящим Законом при совершении крупной сделки и сделки, в совершении которой имеется заинтересованность, влечет за собой признание данных сделок недействительными в судебном порядке по иску заинтересованных лиц.

2. Лицо, заинтересованное в совершении обществом сделки, заключенной с нарушением требований к порядку ее заключения, а также принципов деятельности должностных лиц, предусмотренных настоящим Законом, несет перед обществом ответственность в размере убытков, причиненных им обществу. В случае совершения сделки несколькими лицами их ответственность перед обществом является солидарной.

3. Лицо, умышленно заключившее крупную сделку с нарушением требований, установленных настоящим Законом и уставом общества, не вправе требовать признания сделки недействительной, если такое требование вызвано корыстными мотивами или намерением уклониться от ответственности.

4. Требования настоящей главы не распространяются на сделки, в отношении совершения которых настоящим Законом установлены особые условия, заключаемые между организациями, входящими в группу национального управляющего холдинга, в соответствии с Законом Республики Казахстан «О Фонде национального благосостояния».

Глава 8. Финансовая отчетность и аудит общества

Статья 75. Финансовая отчетность общества
1. [Исключен]
2. Порядок ведения бухгалтерского учета и составления финансовой отчетности общества устанавливается законодательством Республики Казахстан о бухгалтерском учете и финансовой отчетности.

Статья 76. Годовая финансовая отчетность общества
1. Исполнительный орган ежегодно представляет общему собранию акционеров годовую финансовую отчетность за истекший год, аудит которой был проведен в соответствии с законодательством Республики Казахстан об аудиторской деятельности, для ее обсуждения и утверждения. Помимо финансовой отчетности, исполнительный орган представляет общему собранию аудиторский отчет.
2. [Исключен]
3. Годовая финансовая отчетность подлежит предварительному утверждению советом директоров не позднее чем за тридцать дней до даты проведения годового общего собрания акционеров.

The final approval of the annual financial reporting of the company shall be made at the annual general meeting of shareholders.

4. The company is required to publish annually in the mass media consolidated financial reporting and under circumstances of the absence of a subsidiary organization (or subsidiary organizations) – an unconsolidated annual financial report and an auditor's report within the time periods established by the authorized body or in the manner and time limits established by the National Bank of the Republic of Kazakhstan by agreement with the authorized body.

Information on a major transaction and/or a transaction in which there is an interest shall be disclosed in an explanatory note to the annual financial report in accordance with international standards of financial reporting. Information on a transaction as the result of which there is acquired or alienated property in the amount of ten or more percent of the assets of the company must include information on the parties to the transaction, the times periods and terms of the transaction, the nature and size of the shares of participation of the persons involved, and also other information on the transaction.

Article 77. [repealed]

Article 78. Audit of the Company

1. The company has the duty to conduct an audit of its annual financial reporting.

2. An audit of the company may be conducted on the initiative of the board of directors or the executive body at the expense of the company or on demand of a major shareholder at his own expense, in which case the major shareholder shall have the right to select the auditing organization independently. In case of an audit on demand of a major shareholder, the company must furnish all the necessary documentation (or materials) requested by the auditing organization.

3. If the executive body of the company refuses to conduct an audit of the company, an audit may be ordered by a court on suit of any interested party.

Chapter 9. DISCLOSURE OF INFORMATION BY THE COMPANY. DOCUMENTS OF THE COMPANY

Article 79. Disclosure of Information by the Company

1. The company has the duty to bring to the attention of its shareholders and investors information on the following corporate activities of the company:

Окончательное утверждение годовой финансовой отчетности общества производится на годовом общем собрании акционеров.

4. Общество обязано ежегодно публиковать в средствах массовой информации консолидированную годовую финансовую отчетность, а в случае отсутствия дочерней (дочерних) организации (организаций) - неконсолидированную годовую финансовую отчетность и аудиторский отчет в сроки, установленные уполномоченным органом, или в порядке и сроки, установленные Национальным Банком Республики Казахстан по согласованию с уполномоченным органом, в случаях, предусмотренных законами Республики Казахстан.

Информация о крупной сделке и (или) сделке, в совершении которой имеется заинтересованность, раскрывается в пояснительной записке к годовой финансовой отчетности в соответствии с международными стандартами финансовой отчетности. Информация о сделке, в результате которой приобретается либо отчуждается имущество на сумму десять и более процентов от размера активов общества, должна включать сведения о сторонах сделки, сроках и условиях сделки, характере и объеме долей участия вовлеченных лиц, а также иные сведения о сделке.

Статья 77. [Исключена]

Статья 78. Аудит общества

1. Общество обязано проводить аудит годовой финансовой отчетности.

2. Аудит общества может проводиться по инициативе совета директоров, исполнительного органа за счет общества либо по требованию крупного акционера за его счет, при этом крупный акционер вправе самостоятельно определять аудиторскую организацию. В случае проведения аудита по требованию крупного акционера общество обязано предоставлять всю необходимую документацию (материалы), запрашиваемую аудиторской организацией.

3. Если исполнительный орган общества уклоняется от проведения аудита общества, аудит может быть назначен решением суда по иску любого заинтересованного лица.

Глава 9. Раскрытие информации обществом. Документы общества

Статья 79. Раскрытие информации обществом

1. Общество обязано доводить до сведения своих акционеров и инвесторов информацию о следующих корпоративных событиях общества:

1) decisions taken by the general meeting of shareholders and the board of directors on list of matters, information on which in accordance with internal documents of the company must be brought to the attention of the shareholders and investors;

2) issuance by the company of shares and other securities and approval by the authorized body of reports on the results of distribution and cancellation of securities of the company, and annulment of securities of the company by the authorized body;

3) making by the company of major transactions and of transactions in the making of which by the company there is an interest;

3-1) transfer in pledge (or re-pledge) of property of the company in an amount constituting five or more percent of the assets of the company;

4) receipt by the company of a loan in an amount constituting twenty-five or more percent of the size of the capital of the company;

5) receipt by the company of licenses for the conduct of any types of activity or suspension or termination of the effect of licenses previously received by the company for the conduct of any types of activity;

6) participation of the company in the founding of a legal person;

7) seizure of the property of the company;

8) occurrence of circumstances having an extraordinary nature as the result of which property of the company, the balance sheet value of which constituted ten or more percent of the overall value of the assets of the company, was destroyed;

9) bringing of the company or its officers to administrative responsibility;

9-1) initiation of a case in court on a corporate dispute;

10) decisions on the compulsory reorganization of the company;

11) other events concerning the interests of its shareholders and investors in accordance with the charter of the company and also the prospectus of the issuance of shares of the company.

2. [repealed]

2-1. A public company must place the information on corporate events indicated in subparagraphs (1), (2), (3), (4), (5), (6), (7), (9), and (9-1) of Paragraph 1 of the present Article on the corporate website.

2-2. A company shall ensure posting on an Internet resource of a depositary of financial reporting, specified in accordance with the legislation of the Republic of Kazakhstan on accounting, information on corporate events, annual financial reporting of the company and audit reports in the manner and within the time period established by normative legal acts of the authorized body.

1) решения, принятые общим собранием акционеров и советом директоров по перечню вопросов, информация о которых в соответствии с внутренними документами общества должна быть доведена до сведения акционеров и инвесторов;

2) выпуск обществом акций и других ценных бумаг и утверждение уполномоченным органом отчетов об итогах размещения ценных бумаг общества, отчетов об итогах погашения ценных бумаг общества, аннулирование уполномоченным органом ценных бумаг общества;

3) совершение обществом крупных сделок и сделок, в совершении которых обществом имеется заинтересованность;

3-1) передача в залог (перезалог) имущества общества на сумму, составляющую пять и более процентов от активов данного общества;

4) получение обществом займа в размере, составляющем двадцать пять и более процентов от размера собственного капитала общества;

5) получение обществом лицензий на осуществление каких-либо видов деятельности, приостановление или прекращение действия ранее полученных обществом лицензий на осуществление каких-либо видов деятельности;

6) участие общества в учреждении юридического лица;

7) арест имущества общества;

8) наступление обстоятельств, носящих чрезвычайный характер, в результате которых было уничтожено имущество общества, балансовая стоимость которого составляла десять и более процентов от общего размера активов общества;

9) привлечение общества и его должностных лиц к административной ответственности;

9-1) возбуждение в суде дела по корпоративному спору;

10) решения о принудительной реорганизации общества;

11) иные события, затрагивающие интересы акционеров общества и инвесторов, в соответствии с уставом общества, а также проспектом выпуска ценных бумаг общества.

2. [Исключен]

2-1. Публичная компания обязана разместить на корпоративном веб-сайте информацию о корпоративных событиях, указанных в подпунктах 1), 2), 3), 4), 5), 6), 7), 9) и 9-1) пункта 1 настоящей статьи.

2-2. Общество обеспечивает размещение на интернет-ресурсе депозитария финансовой отчетности, определенного в соответствии с законодательством Республики Казахстан о бухгалтерском учете и финансовой отчетности, информации о корпоративных событиях, годовой финансовой отчетности общества и аудиторских отчетов в порядке и сроки, установленные нормативным правовым актом уполномоченного органа.

A company whose securities are included in the list of a stock market, in addition to the information indicated in the first part of the present Paragraph shall ensure the posting on an Internet resource of a depositary of financial reporting, specified in accordance with the legislation of the Republic of Kazakhstan on accounting and financial reporting, of quarterly financial reports and shall provide the stock market in the manner provided by its internal documents for publication on the Internet resource of the stock market, with information on all corporate events and quarterly reports.

3. The provision of information on corporate events shall be conducted in accordance with the present Law and the charter of the company.

In the event that the present Law and other legislative acts of the Republic of Kazakhstan do not provide time periods for publication (or bringing to the attention of shareholders) of information, this information shall be published (or brought to the attention of shareholders) within five working days from the date it arises.

Information on the initiation in court of a case on a corporate dispute must be furnished to shareholders within seven working days from the date of receipt by the company of the corresponding court notice (or summons) in a civil case on a corporate dispute.

The company shall ensure the obligatory maintenance of a list of employees of the company holding information constituting an employment or commercial secret.

Article 80. Documents of the Company

1. Documents of the company concerning its activity are subject to safeguarding by the company during the entire period of its activity at the place of location of the executive body of the company or at another place determined by its charter.

The following documents are subject to safeguarding:

1) the charter of the company and amendments and additions made to the charter of the company;

2) the minutes of founding assemblies;

3) the founding contract (or the decision of the sole founder) and amendments and additions made to the founding contract (or decision of the sole founder);

4) the certificate of state registration (or re-registration) of the company as a legal person;

5) [repealed];

6) licenses for engaging by the company in specific types of activity and/or the taking of certain actions;

7) documents confirming the right of the company to property that is (or was) on its balance sheet;

8) prospectuses of the issuance of securities of the company;

Общество, чьи ценные бумаги включены в список фондовой биржи, в дополнение к информации, указанной в части первой настоящего пункта, обеспечивает размещение на интернет-ресурсе депозитария финансовой отчетности, определенного в соответствии с законодательством Республики Казахстан о бухгалтерском учете и финансовой отчетности, ежеквартальной финансовой отчетности и предоставляет фондовой бирже в порядке, установленном ее внутренними документами, для публикации на интернет-ресурсе фондовой биржи информацию обо всех корпоративных событиях и ежеквартальную финансовую отчетность.

3. Предоставление информации о корпоративных событиях осуществляется в соответствии с настоящим Законом и уставом общества.

В случае, если настоящим Законом и другими законодательными актами Республики Казахстан не предусмотрены сроки опубликования (доведения до сведения акционеров) информации, данная информация публикуется (доводится до сведения акционеров) в течение пяти рабочих дней с даты ее возникновения.

Информация о возбуждении в суде дела по корпоративному спору должна быть предоставлена акционерам в течение семи рабочих дней с даты получения обществом соответствующего судебного извещения (вызова) по гражданскому делу по корпоративному спору.

Общество обеспечивает обязательное ведение списка работников общества, обладающих информацией, составляющей служебную или коммерческую тайну.

Статья 80. Документы общества

1. Документы общества, касающиеся его деятельности, подлежат хранению обществом в течение всего срока его деятельности по месту нахождения исполнительного органа общества или в ином месте, определенном его уставом.

Хранению подлежат следующие документы:

1) устав общества, изменения и дополнения, внесенные в устав общества;

2) протоколы учредительных собраний;

3) учредительный договор (решение единственного учредителя), изменения и дополнения, внесенные в учредительный договор (решение единственного учредителя);

4) свидетельство о государственной регистрации (перерегистрации) общества как юридического лица;

5) [Исключен]

6) лицензии на занятие обществом определенными видами деятельности и (или) совершение определенных действий;

7) документы, подтверждающие права общества на имущество, которое находится (находилось) на его балансе;

8) проспекты выпуска ценных бумаг общества;

9) documents confirming state registration of the issuance of securities of the company, cancellation of securities, and also approval of reports presented to the authorized body on the results of distribution and cancellation of securities of the company;

10) regulations on branches and representative offices of the company;

11) minutes of general meetings of shareholders, records of the results of voting and ballots (including ballots declared invalid), materials on shareholders' general meeting agenda matters;

12) lists of shareholders presented for the conduct of the general meeting of shareholders;

13) minutes of meetings (or decisions of absentee meetings) of the board of directors and ballots (including ballots declared invalid), and materials on board of directors agenda matters;

14) minutes of meetings (or decisions) of the executive body;

15) the code of corporate administration if it exists.

2. Other documents including financial reporting of the company shall be safeguarded during the time period established in accordance with legislation of the Republic of Kazakhstan.

3. On demand of a shareholder, the company must furnish him with copies of the documents provided for by the present Law in the manner defined by the charter of the company but not later than ten calendar days from the day of receipt of such demand by the company; in this case the introduction of limitations is allowed on the provision of information constituting employment, commercial, or other secrets protected by law.

The amount of payment for providing copies of documents shall be established by the company and may not exceed the cost of expenditures for the preparation of copies of documents and the payment of expenditures connected with the supply of documents to the shareholder.

Documents regulating individual matters of the issue, placement, circulation, and converting of securities of the company or containing information constituting employment, commercial or other secrets protected by law must be furnished for familiarization to the shareholder on his demand.

Chapter 10. REORGANIZATION AND LIQUIDATION OF THE COMPANY

Article 81. Reorganization of the Company

1. Reorganization of the company (merger, accession, division, spinoff, or transformation) shall be conducted in accordance with the Civil Code of the Republic of Kazakhstan, taking into account the peculiarities established by legislative acts of the Republic of Kazakhstan.

9) документы, подтверждающие государственную регистрацию выпуска ценных бумаг общества, аннулирование ценных бумаг, а также утверждение отчетов об итогах размещения и погашения ценных бумаг общества, представленные в уполномоченный орган;

10) положение о филиалах и представительствах общества;

11) протоколы общих собраний акционеров, протоколы об итогах голосования и бюллетени (в том числе бюллетени, признанные недействительными), материалы по вопросам повестки дня общих собраний акционеров;

12) списки акционеров, представляемые для проведения общего собрания акционеров;

13) протоколы заседаний (решений заочных заседаний) совета директоров и бюллетени (в том числе бюллетени, признанные недействительными), материалы по вопросам повестки дня совета директоров;

14) протоколы заседаний (решений) исполнительного органа;

15) кодекс корпоративного управления при его наличии.

2. Иные документы, в том числе финансовая отчетность общества, хранятся в течение срока, установленного в соответствии с законодательством Республики Казахстан.

3. По требованию акционера общество обязано предоставить ему копии документов, предусмотренных настоящим Законом, в порядке, определенном уставом общества, но не позднее десяти календарных дней со дня поступления такого требования в общество, при этом допускается введение ограничений на предоставление информации, составляющей служебную, коммерческую или иную охраняемую законом тайну.

Размер платы за предоставление копий документов устанавливается обществом и не может превышать стоимость расходов на изготовление копий документов и оплату расходов, связанных с доставкой документов акционеру.

Документы, регламентирующие отдельные вопросы выпуска, размещения, обращения и конвертирования ценных бумаг общества, содержащие информацию, составляющую служебную, коммерческую или иную охраняемую законом тайну, должны быть представлены для ознакомления акционеру по его требованию.

Глава 10. Реорганизация и ликвидация общества

Статья 81. Реорганизация общества

1. Реорганизация общества (слияние, присоединение, разделение, выделение, преобразование) осуществляется в соответствии с Гражданским кодексом Республики Казахстан с учетом особенностей, установленных законодательными актами Республики Казахстан.

2. In case of reorganization of the company by division or spinoff, the creditors of the company being reorganized shall have the right to demand the early termination of obligations in which the company is obligor and compensation for damages.

3. In the event of reorganization the company terminates its activity, the issue of its shares shall be subject to cancellation in the manner provided by the legislation of the Republic of Kazakhstan.

Article 82. Merger of Companies

1. Merger of companies is the creation of a new company by way of transfer to it of all property, rights, and duties on the basis of a contract of merger and in accordance with the transfer documents of two or more companies with the termination of their activity.

2. The charter capital of a company formed by the merger of companies shall be equal to the sum of own capital of the reorganized

3. Shares of the company formed shall be distributed among the shareholders of the reorganized companies in the following manner:

1) the quantity of declared shares of the company formed that are to be distributed among the shareholders of each reorganized company shall be determined proceeding from the ratio of the own capital of these companies;

2) the quantity of shares to be distributed among shareholders of each reorganized company determined in accordance with subparagraph (1) of the present Paragraph shall be distributed among the shares of each company being reorganized in proportion to the quantity of shares held by them in the reorganized company to the quantity of distributed (minus bought out) shares of this company.

3-1. In cases of merger of a basic company and a subsidiary, one hundred percent of shares of which are controlled by the basic, the shares of the formed company shall be distributed among the shareholders of the basic company.

4. The board of directors of each of the companies to be reorganized shall put up for consideration of the general meeting of shareholders the matter of reorganization in the form of merger, state registration of the issuance of shares of the company created as the result of merger and the method for their distribution.

5. The decision on merger shall be adopted at the joint general meeting of shareholders of the companies to be reorganized by a supermajority of the votes of the shareholders of each separate company. This decision of the general meeting of shareholders must contain provisions:

1) on the approval of a contract on merger in which information is indicated on the designation and place of location of each of the companies to be reorganized, the manner of distributing shares and other terms of the merger;

2. При реорганизации общества путем разделения или выделения кредиторы реорганизуемого общества вправе потребовать досрочного прекращения обязательства, должником по которому является это общество, и возмещения убытков.

3. Если в случае реорганизации общество прекращает свою деятельность, выпуск его акций подлежит аннулированию в порядке, установленном законодательством Республики Казахстан.

Статья 82. Слияние обществ

1. Слиянием обществ признается возникновение нового общества путем передачи ему всего имущества, прав и обязанностей на основании договора о слиянии и в соответствии с передаточными актами двух или нескольких обществ с прекращением их деятельности.

2. Уставный капитал общества, образуемого путем слияния обществ, равен сумме собственных капиталов реорганизуемых обществ, за вычетом инвестиций одного реорганизуемого общества в другое реорганизуемое общество.

3. Акции образованного общества размещаются среди акционеров реорганизуемых обществ в следующем порядке:

1) количество объявленных акций образованного общества, размещаемых между акционерами каждого реорганизуемого общества, определяется исходя из соотношения собственных капиталов данных обществ;

2) количество акций, распределяемое между акционерами каждого реорганизуемого общества, определенное в соответствии с подпунктом 1) настоящего пункта, размещается среди акционеров каждого реорганизуемого общества пропорционально соотношению количества имевшихся у них акций реорганизованного общества к количеству размещенных (за вычетом выкупленных) акций данного общества.

3-1. В случае слияния основной организации и дочерней организации, ста процентами размещенных акций которой владеет основная организация, акции образованного общества размещаются между акционерами основой организации.

4. Совет директоров каждого из реорганизуемых обществ выносит на рассмотрение общего собрания акционеров вопрос о реорганизации в форме слияния, государственной регистрации выпуска акций общества, создаваемого в результате слияния, и порядке их размещения.

5. Решение о слиянии принимается на совместном общем собрании акционеров реорганизуемых обществ квалифицированным большинством голосов акционеров каждого отдельного общества. Данное решение общего собрания акционеров должно содержать положения:

1) об утверждении договора о слиянии, в котором указываются сведения о наименовании, местонахождении каждого из реорганизуемых обществ, порядке размещения акций и иные условия слияния;

2) on the state registration of the issue of shares of the company to be created as the result of the merger.

6. The contract on merger must be signed by all shareholders of the companies to be reorganized.

The transfer document shall be signed by the heads of the executive bodies and the chief accountants of the companies to be reorganized and shall be verified by the stamps of the companies.

7. The reorganized companies must furnish all their creditors with written notices of the reorganization and must place appropriate announcements in the mass media. The transfer document shall be attached to the notification.

Article 83. Accession of a Company

1. Accession of a company to another company is the termination of the activity of the acceding company with the transfer on the basis of a contract of accession in accordance with a transfer document of all the property, rights, and obligations of the acceding company to the other company.

The company to which accession is made shall obtain the shares of the acceding company by the distribution (or sale) to the shareholders of the acceding company of its own shares in proportion to the ratio of the sale price of shares of the acceding company to the price of distribution (or sale) of the company to which accession is made, determined according to Paragraph 2 of the present Article.

After obtaining all the shares of the acceding company, these shares shall be cancelled and the property, rights, and obligations of the acceding company shall be transferred to the company to which accession is being made in accordance with a transfer document signed by the heads of the executive body and the chief accountants of the reorganized companies and verified by the stamps of the companies.

2. The sale price of the shares of the acceding company shall be determined from the ratio of own capital of the acceding company to the number of its distributed (except for those bought up by the company) shares.

The price of placement (or sale) of shares of the company to which accession is being made shall be determined based on the ratio of own capital of the company to which accession is being made to the number of its distributed (except for those bought up by the company) shares.

3. The board of directors of the acceding company shall put for consideration of the general meeting of shareholders the matter of reorganization in the form of accession and on the manner, time periods and price of sale of shares of the acceding company.

150

2) о государственной регистрации выпуска акций общества, создаваемого в результате слияния.

6. Договор о слиянии должен быть подписан всеми акционерами реорганизуемых обществ.

Передаточный акт подписывается руководителями исполнительных органов и главными бухгалтерами реорганизуемых обществ и заверяется печатями обществ.

7. Реорганизуемые общества обязаны направить всем своим кредиторам письменные уведомления о реорганизации и поместить соответствующие объявления в средствах массовой информации. К уведомлению прилагается передаточный акт.

Статья 83. Присоединение общества

1. Присоединением общества к другому обществу признается прекращение деятельности присоединяемого общества с передачей на основании договора о присоединении и в соответствии с передаточным актом всего имущества, прав и обязанностей присоединяемого общества другому обществу.

Общество, к которому осуществляется присоединение, приобретает акции присоединяемого общества путем размещения (реализации) акционерам присоединяемого общества своих акций пропорционально соотношению цены продажи акций присоединяемого общества к цене размещения (реализации) акций общества, к которому осуществляется присоединение, определяемой согласно пункту 2 настоящей статьи.

После приобретения всех акций присоединяемого общества указанные акции аннулируются, а имущество, права и обязанности присоединяемого общества передаются обществу, к которому осуществляется присоединение согласно передаточному акту, подписанному руководителями исполнительного органа и главными бухгалтерами реорганизуемых обществ и заверенному печатями обществ.

2. Цена продажи акций присоединяемого общества определяется из соотношения собственного капитала присоединяемого общества к количеству его размещенных (за исключением выкупленных обществом) акций.

Цена размещения (реализации) акций общества, к которому осуществляется присоединение, определяется исходя из соотношения собственного капитала общества, к которому осуществляется присоединение, к количеству его размещенных (за исключением выкупленных обществом) акций.

3. Совет директоров присоединяемого общества выносит на рассмотрение общего собрания акционеров вопрос о реорганизации в форме присоединения, о порядке, сроках и цене продажи акций присоединяемого общества.

The board of directors of the company to which accession is being made shall put for decision by the general meeting of shareholders of the matter of reorganization of the company in the form of accession to it of the other company and on the manner, time periods and price of the distribution (or sale) shares.

4. A decision on accession shall be adopted at a joint general meeting of shareholders of the company to which accession is being made and of the acceding company by a supermajority of shareholder votes of each individual company.

A decision on accession of the joint general meeting of shareholders must contain information on the designation and location of each of the companies participating in the accession of companies, the price of sale of shares of the acceding company, the price of distribution (or sale) of shares of the company to which accession is being made, other terms, and the manner of the accession.

5. The acceding company and also the company to which accession is being made have the duty to furnish all their creditors with written notices on reorganization in the form of accession and to place corresponding announcements in the mass media. The transfer document and also information on the designation and place of location of the company to which accession is being made shall be attached to the notice.

Article 84. Division of Companies

1. Division of a company is the termination of the activity of a company with the transfer of all of its property, rights, and obligations to newly formed companies. In such cases, the rights and obligations of the divided company shall pass to the newly formed companies in accordance with the division balance sheet.

The amount of charter capital of the joint-stock companies arising as the result of division of a company shall be equal to the amount of own capital of the company undergoing reorganization.

2. The shareholders of each of the companies arising as the result of the division shall be all the shareholders of the reorganized joint-stock company.

The shares arising as the result of the division of the companies shall be distributed among the shareholders of the given companies in an amount proportional to the ratio of the number of shares of the reorganized company belonging to the shareholder to the number of distributed (less bought up) shares of the company being reorganized.

3. The board of directors of the company to be reorganized shall put for consideration of the shareholders' meeting matters of the reorganization of the company in the form of division, the manner and terms of division, and on approval of the division balance sheet.

Совет директоров общества, к которому осуществляется присоединение, выносит на решение общего собрания акционеров вопрос о реорганизации общества в форме присоединения к нему другого общества, о порядке, сроках и цене размещения (реализации) акций.

4. Решение о присоединении принимается на совместном общем собрании акционеров общества, к которому осуществляется присоединение, и присоединяемого общества квалифицированным большинством голосов акционеров каждого отдельного общества.

Решение о присоединении совместного общего собрания акционеров должно содержать сведения о наименовании, местонахождении каждого из участвующих в присоединении обществ, цене продажи акций присоединяемого общества, цене размещения (реализации) акций общества, к которому осуществляется присоединение, иные условия и порядок присоединения.

5. Присоединяемое общество, а также общество, к которому осуществляется присоединение, обязаны направить всем своим кредиторам письменные уведомления о реорганизации в форме присоединения и поместить соответствующие объявления в средствах массовой информации. К уведомлению прилагается передаточный акт, а также сведения о наименовании и местонахождении общества, к которому осуществляется присоединение.

Статья 84. Разделение общества

1. Разделением общества признается прекращение деятельности общества с передачей всего его имущества, прав и обязанностей вновь возникающим обществам. При этом права и обязанности разделяемого общества переходят к вновь возникающим обществам в соответствии с разделительным балансом.

Сумма уставных капиталов акционерных обществ, возникших в результате разделения общества, равна размеру собственного капитала реорганизуемого общества.

2. Акционерами каждого из возникших в результате разделения обществ являются все акционеры реорганизованного акционерного общества.

Акции возникших в результате разделения обществ размещаются среди акционеров данных обществ в количестве, пропорциональном соотношению количества акций реорганизуемого общества, принадлежавших акционеру, к количеству размещенных (за вычетом выкупленных) акций реорганизуемого общества.

3. Совет директоров реорганизуемого общества выносит на рассмотрение общего собрания акционеров вопросы о реорганизации общества в форме разделения, порядке и условиях разделения и об утверждении разделительного баланса.

4. The general meeting of shareholders of the company being reorganized shall adopt a decision on the form of division, the manner and terms of divisions, and on approval of the division balance sheet.

5. The company must within a two-month period from the day of adoption by the general meeting of shareholders of a decision on division furnish all its creditors with a written notice of the division and place a corresponding announcement in the mass media. The division balance sheet shall be attached to the notice.

Article 85. Spinoff of a Company

1. Spinoff of a company is the creation by a company of one or more companies with the transfer to them in accordance with the division balance sheet of part of the property, rights, and obligations of the company being reorganized with termination of the activity of the company being reorganized.

In case of spinoff, the charter capital of the company being reorganized shall not be subject to reduction.

The reorganized company shall conduct measures for registration of the spun-off companies in the bodies of the Ministry of Justice.

2. The sole founder of a spun-off company shall be the reorganized company.

The amount of charter capital of a spun-off company shall be equal to the difference between the assets and liabilities transferred to it by the company being reorganized in accordance with the division balance sheet and must meet the requirements established by Article 11 of the present Law.

3. [repealed].

4. The board of directors of the company to be reorganized shall put for consideration of the general meeting of shareholders the matters of reorganization of the company in the form of spinoff, the price of placement (or sale) of shares of the spun-off company, the manner and terms of the spin-off, and also a draft of the division balance sheet.

5. The general meeting of shareholders of the reorganized company shall adopt a decision on reorganization in the form of spinoff, the price of distribution (or sale) of a share of the spun-off company, the manner and terms of the spinoff, and on approving the division balance-sheet.

6. The company must within a two-month period from the day of adoption by the general meeting of shareholders of a decision on the spinoff furnish all its creditors with a written notice of the reorganization in the form of spinoff and place a corresponding announcement in mass media. The division balance sheet and also information on the designation and place of location of each spun-off company shall be attached to the notice.

4. Общее собрание акционеров реорганизуемого общества принимает решение о реорганизации в форме разделения, порядке и условиях разделения и об утверждении разделительного баланса.

5. Общество обязано в двухмесячный срок со дня принятия общим собранием акционеров решения о разделении направить всем своим кредиторам письменные уведомления о разделении и поместить соответствующее объявление в средствах массовой информации. К уведомлению прилагается разделительный баланс.

Статья 85. Выделение общества

1. Выделением общества признается создание обществом одного или нескольких обществ с передачей им в соответствии с разделительным балансом части имущества, прав и обязанностей реорганизуемого общества без прекращения его деятельности.

При выделении уставный капитал реорганизуемого общества не подлежит уменьшению.

Реорганизуемое общество осуществляет мероприятия по регистрации выделенных обществ в органах юстиции.

2. Единственным учредителем выделенного общества является реорганизуемое общество.

Размер уставного капитала выделенного общества равен разнице между активами и обязательствами, переданными ему реорганизуемым обществом согласно разделительному балансу, и должен соответствовать требованиям, установленным статьей 11 настоящего Закона.

3. [Исключен]

4. Совет директоров реорганизуемого общества выносит на рассмотрение общего собрания акционеров вопросы о реорганизации общества в форме выделения, цене размещения (реализации) акции выделенного общества, порядке и условиях выделения, а также проект разделительного баланса.

5. Общее собрание акционеров реорганизуемого общества принимает решение о реорганизации в форме выделения, цене размещения (реализации) акции выделенного общества, порядке и условиях выделения и об утверждении разделительного баланса.

6. Общество обязано в двухмесячный срок со дня принятия общим собранием акционеров решения о выделении направить всем своим кредиторам письменные уведомления о реорганизации в форме выделения и поместить соответствующее объявление в средствах массовой информации. К уведомлению прилагается разделительный баланс, а также сведения о наименовании, местонахождении каждого выделенного общества.

Article 86. Transformation of Companies

1. A company (with the exception of a noncommercial organization made in the legal and organizational form of a joint-stock company) shall have the right to be transformed into a commercial partnership or a production cooperative to which all the rights and obligations of the company being transformed shall pass in accordance with the transfer document.

A company shall have the right to be transformed into an autonomous education organization in accordance with the Law of the Republic of Kazakhstan "On the Status of Nazarbaev University, Nazarbaev Intellectual Schools, and the Nazarbaev Foundation."

2. The board of directors of the company being transformed shall put for consideration by the general meeting of shareholders the matter of transformation of the company, the manner and terms of conducting the transformation, the manner of determining the participatory shares of participants in the commercial partnership or the membership shares of members of the production cooperative. The participatory share of a participant in a commercial partnership or the membership share of a member of a production cooperative shall be determined in proportion to the ratio of the number of shares of the company that the given participant held in the company being transformed to the overall number of distributed (less bought up) shares of the company.

The amount of charter capital of a commercial partnership or a production cooperative shall be equal to the difference between the assets and liabilities transferred to it by the company being reorganized in accordance with the transfer document and must correspond to the requirements established by legislative acts of the Republic of Kazakhstan

3. The general meeting of shareholders of the company being transformed shall adopt a decision on the transformation of the company, the manner and terms of conducting the transformation, the manner of determining the participatory shares of the commercial partnership or the membership shares of members of the production cooperative and shall approve the transfer document.

4. Participants in the new legal person created by the transformation shall adopt at their joint meeting a decision on the approval of its founding documents and the election of bodies in accordance with the legislative acts of the Republic of Kazakhstan.

5. Persons included in the list of shareholders compiled on the date of cancellation of the issue of shares by the registrar of the company shall become participants of the new legal person formed from the joint-stock company.

Статья 86. Преобразование общества

1. Общество (за исключением некоммерческой организации, созданной в организационно-правовой форме акционерного общества) вправе преобразоваться в хозяйственное товарищество или в производственный кооператив, к которому переходят все права и обязанности преобразуемого общества в соответствии с передаточным актом.

Общество вправе преобразоваться в автономную организацию образования в случае, предусмотренном Законом Республики Казахстан «О статусе «Назарбаев Университет», «Назарбаев Интеллектуальные школы» и «Назарбаев Фонд».

2. Совет директоров преобразуемого общества выносит на рассмотрение общего собрания акционеров вопрос о преобразовании общества, порядке и условиях осуществления преобразования, порядке определения долей участия участников хозяйственного товарищества или паев членов производственного кооператива. Доля участия участника хозяйственного товарищества или пай члена производственного кооператива определяется пропорционально соотношению количества акций общества, которыми владел данный участник в преобразуемом обществе, к общему количеству размещенных (за исключением выкупленных) акций общества.

Размер уставного капитала хозяйственного товарищества или производственного кооператива равен разнице между активами и обязательствами, переданными ему реорганизуемым обществом согласно передаточному акту, и должен соответствовать требованиям, установленным законодательными актами Республики Казахстан.

3. Общее собрание акционеров преобразуемого общества принимает решение о преобразовании общества, порядке и условиях осуществления преобразования, порядке определения долей участия хозяйственного товарищества или паев членов производственного кооператива и утверждает передаточный акт.

4. Участники создаваемого при преобразовании нового юридического лица принимают на своем совместном заседании решение об утверждении его учредительных документов и избрании органов в соответствии с законодательными актами Республики Казахстан.

5. Лица, включенные в список акционеров, составленный на дату аннулирования выпуска акций регистратором общества, становятся участниками нового юридического лица, преобразованного из акционерного общества.

Article 87. Consequences of Non-Observance of a Court Decision on the Compulsory Reorganization of a Company

1. In the event that the bodies of a company authorized to conduct compulsory reorganization in the form of division or spinoff in accordance with a court decision do not conduct reorganization in the time period provided by such decision, the court shall appoint an entrusted manager with the necessary qualifications and shall delegate to him the conduct of reorganization in the form of division or spinoff.

2. From the time of appointing an entrusted manager, the powers of the board of directors and the general meeting of shareholders for determining the terms of reorganization provided by Articles 84 and 85 of the present Law shall pass to him.

3. The entrusted manager, acting in the name of the company, shall compile a division balance sheet and present it for consideration by the court together with the founding documents, approved by the general meeting, of the companies created as the result of division or spinoff. State registration of the companies created as the result of the reorganization of companies shall be conducted on the basis of a decision of the court.

Article 88. Liquidation of the Company

1. A decision on the voluntary liquidation of the company shall be adopted by the general meeting of shareholders, which shall determine the liquidation procedure by agreement with creditors and under their supervision in accordance with legislative acts of the Republic of Kazakhstan.

2. Compulsory liquidation of a company shall be conducted by the court in cases provided by the legislative acts of the Republic of Kazakhstan.

A demand for the liquidation of the company may be presented to the court by interested persons, unless otherwise provided by legislative acts of the Republic of Kazakhstan.

3. A decision of the court or the general meeting of shareholders shall appoint a liquidation commission.

The liquidation commission shall posses the powers of management of the company during the period of its liquidation and for the taking of actions the list of which is determined by the legislation of the Republic of Kazakhstan.

In case of voluntary liquidation, the membership of the liquidation commission must include representatives of creditors of the company, representatives of major shareholders and also other persons in accordance with a decision of the general meeting of shareholders.

4. The procedure for liquidating the company and the manner of satisfying the claims of its creditors shall be regulated by the legislation of the Republic of Kazakhstan.

Статья 87. Последствия невыполнения судебного решения о принудительной реорганизации общества

1. Если органы общества, уполномоченные на проведение принудительной реорганизации по решению суда в форме разделения или выделения, не осуществляют реорганизацию в срок, определенный в таком решении, суд назначает доверительного управляющего, отвечающего квалификационным требованиям, и поручает ему осуществить реорганизацию в форме разделения или выделения.

2. С момента назначения доверительного управляющего к нему переходят полномочия совета директоров и общего собрания акционеров по определению условий реорганизации, предусмотренные статьями 84 и 85 настоящего Закона.

3. Доверительный управляющий, выступающий от имени общества, составляет разделительный баланс и передает его на рассмотрение суда вместе с утвержденными на общем собрании учредительными документами обществ, созданных в результате разделения или выделения. Государственная регистрация созданных в результате реорганизации обществ осуществляется на основании решения суда.

Статья 88. Ликвидация общества

1. Решение о добровольной ликвидации общества принимается общим собранием акционеров, которое определяет ликвидационную процедуру по соглашению с кредиторами и под их контролем в соответствии с законодательными актами Республики Казахстан.

2. Принудительная ликвидация общества осуществляется судом в случаях, предусмотренных законодательными актами Республики Казахстан.

Требование о ликвидации общества может быть предъявлено в суд заинтересованными лицами, если иное не предусмотрено законодательными актами Республики Казахстан.

3. Решением суда или общего собрания о ликвидации общества назначается ликвидационная комиссия.

Ликвидационная комиссия обладает полномочиями по управлению обществом в период его ликвидации и совершению действий, перечень которых определен законодательством Республики Казахстан.

При добровольной ликвидации в состав ликвидационной комиссии должны быть включены представители от кредиторов общества, представители крупных акционеров, а также иные лица в соответствии с решением общего собрания акционеров.

4. Процедура ликвидации общества и порядок удовлетворения требований его кредиторов регулируются законодательством Республики Казахстан.

5. In case of liquidation of a company, its declared shares, including distributed shares, shall be cancelled in the manner established by the legislation of the Republic of Kazakhstan.

Article 89. Distribution of the Property of a Company Being Liquidated Among the Shareholders

1. The property of a company being liquidated remaining after satisfaction of the claims of creditors shall be distributed by the liquidation commission among shareholders in the following order:

1) in the first order – payments on shares that must be bought out in accordance with the present Law;

2) in the second order – payments of authorized and unpaid dividends on preferred shares;

3) in the third order – payments of authorized and unpaid dividends on common shares;

4) [repealed]

5) [repealed]

The remaining property shall be distributed among all the holders of shares in proportion to the number of shares belonging to them, taking into account the requirements of Paragraph 2 of Article 13 of the present Law.

2. The claims of each order shall be satisfied after the full satisfaction of the claims of previous orders.

If the property of the company being liquidated is insufficient for the payment of declared but unpaid dividends and the compensation for the value of preferred shares, this property shall be fully distributed among this category of shareholders in proportion to the number of shares belonging to them.

Chapter 11. CONCLUDING AND TRANSITION PROVISIONS

Article 90. Transitional Provisions

1. Companies created prior to the entry into force of the present Law shall have the duty, within three years of the date of entry into force of the present Law, to make the appropriate changes in the founding document and to bring the amount of charter capital of the company into compliance with Article 10 of the present Law proceeding from the size of the monthly accounting indicator established by the Law on the Republic Budget for the respective financial year at the date of entry into force of the present Law or to conduct reorganization of the company or its liquidation.

5. При ликвидации общества его объявленные, в том числе размещенные, акции подлежат аннулированию в порядке, установленном законодательством Республики Казахстан.

Статья 89. Распределение имущества ликвидируемого общества между акционерами

1. Оставшееся после удовлетворения требований кредиторов имущество ликвидируемого общества распределяется ликвидационной комиссией между акционерами в следующей очередности:

1) в первую очередь - выплаты по акциям, которые должны быть выкуплены в соответствии с настоящим Законом;

2) во вторую очередь - выплаты начисленных и невыплаченных дивидендов по привилегированным акциям;

3) в третью очередь - выплаты начисленных и невыплаченных дивидендов по простым акциям;

4) [Исключен]

5) [Исключен]

Оставшееся имущество распределяется между всеми владельцами акций пропорционально количеству принадлежащих им акций с учетом требований пункта 2 статьи 13 настоящего Закона.

2. Требования каждой очереди удовлетворяются после полного удовлетворения требований предыдущей очереди.

Если имущества ликвидируемого общества недостаточно для выплаты начисленных, но невыплаченных дивидендов и возмещения стоимости привилегированных акций, указанное имущество полностью распределяется среди этой категории акционеров пропорционально количеству принадлежащих им акций.

Глава 11. Заключительные и переходные положения

Статья 90. Переходные положения

1. Общества, созданные до введения в действие настоящего Закона, обязаны в течение трех лет со дня введения в действие настоящего Закона внести соответствующие изменения в свои учредительные документы и привести размер уставного капитала общества в соответствие со статьей 10 настоящего Закона исходя из размера месячного расчетного показателя, установленного законом о республиканском бюджете на соответствующий финансовый год, на дату введения в действие настоящего Закона либо произвести реорганизацию общества или его ликвидацию.

2. The authorized body shall have the right to file an application in court for the compulsory liquidation of a company or its reorganization in the form of transformation in case of non-fulfillment by the company of the requirements established by Paragraph 1 of the present Article.

3. A company that prior to the entry into force of the present Law itself conducted the formation, conduct, and preservation of the shareholders' register must, within three months from the date of entry into force of the present Law, adopt a decision on selection of registrar of the company and transfer to it the documents constituting the system of registers of shareholders of the company.

Article 91. Manner of Entry Into Force of the Present Law

1. The present Law shall enter into force as of the day of its official publication.

2. The Law of the Republic of Kazakhstan of July 10, 1998, "On Joint-Stock Companies" (Gazette of the Parliament of the Republic of Kazakhstan, 1998, No. 17-18, item 223; 1999, No. 20, item 727; No. 24, item 1072; 2001, No. 23, item 321; 2002, No. 10, item 102) is repealed.

President of the Republic of Kazakhstan   N. NAZARBAEV

2. Уполномоченный орган вправе обратиться в суд с заявлением о принудительной ликвидации общества либо его реорганизации в форме преобразования в случае невыполнения им требований, установленных пунктом 1 настоящей статьи.

3. Общество, которое до введения в действие настоящего Закона самостоятельно осуществляло формирование, ведение и хранение реестра держателей акций, обязано в течение трех месяцев с даты введения в действие настоящего Закона принять решение о выборе регистратора общества и передать ему документы, составляющие систему реестров держателей акций общества.

Статья 91. Порядок введения в действие настоящего Закона

1. Настоящий Закон вводится в действие со дня его официального опубликования.

2. Признать утратившим силу Закон Республики Казахстан от 10 июля 1998 г. «Об акционерных обществах» (Ведомости Парламента Республики Казахстан, 1998 г., № 17-18, ст. 223; 1999 г., № 20, ст. 727; № 24, ст. 1072; 2001 г., № 23, ст. 321; 2002 г., № 10, ст. 102).

Президент
Республики Казахстан
Н. НАЗАРБАЕВ

www.ingramcontent.com/pod-product-compliance
Lightning Source LLC
Chambersburg PA
CBHW051508170526
45166CB00001B/446